和谐校园文化建设读本

中小学生的心理疏导

朱建平/编著

吉林教育出版社

图书在版编目(CIP)数据

中小学生的心理疏导 / 朱建平编著. — 长春：吉林教育出版社，2012.6（2022.5重印）

（和谐校园文化建设读本）

ISBN 978－7－5383－8743－8

Ⅰ. ①中… Ⅱ. ①朱… Ⅲ. ①中小学生－心理健康－健康教育 Ⅳ. ①G479

中国版本图书馆 CIP 数据核字（2012）第 117290 号

中小学生的心理疏导				朱建平	编著
策划编辑	刘　军　　潘宏竹				
责任编辑	庞　博		装帧设计	王洪义	
出　版	吉林教育出版社（长春市同志街 1991 号　邮编 130021）				
发　行	吉林教育出版社				
印　刷	北京一鑫印务有限责任公司				
开　本	710 毫米×1000 毫米　1/16	13 印张	字数	165 千字	
版　次	2012 年 6 月第 1 版　2022 年 5 月第 3 次印刷				
书　号	ISBN 978－7－5383－8743－8				
定　价	39.80 元				

吉教图书　　版权所有　　盗版必究

编 委 会

主　　编： 王世斌

执行主编： 王保华

编委会成员： 尹英俊　尹曾花　付晓霞
　　　　　　　刘　军　刘桂琴　刘　静
　　　　　　　张　瑜　庞　博　姜　磊
　　　　　　　潘宏竹
　　　　　　　（按姓氏笔画排序）

总 序

千秋基业,教育为本;源浚流畅,本固枝荣。

什么是校园文化?所谓"文化"是人类所创造的精神财富的总和,如文学、艺术、教育、科学等。而"校园文化"是人类所创造的一切精神财富在校园中的集中体现。"和谐校园文化建设",贵在和谐,重在建设。

建设和谐的校园文化,就是要改变僵化死板的教学模式,要引导学生走出教室,走进自然,了解社会,感悟人生,逐步读懂人生、自然、社会这三部天书。

深化教育改革,加快教育发展,构建和谐校园文化,"路漫漫其修远兮",奋斗正未有穷期。和谐校园文化建设的研究课题重大,意义重要,内涵丰富,是教育工作的一个永恒主题。和谐校园文化建设的实施方向正确,重点突出,是教育思想的根本转变和教育运行机制的全面更新。

我们出版的这套《和谐校园文化建设读本》,全书既有理论上的阐释,又有实践中的总结;既有学科领域的有益探索,又有教学管理方面的经验提炼;既有声情并茂的童年感悟,又有惟妙惟肖的机智幽默;既有古代哲人的至理名言,又有现代大师的谆谆教诲;既有自然科学各个领域的有趣知识,又有社会科学各个方面的启迪与感悟。笔触所及,涵盖了家庭教育、学校教育和社会教育的各个侧面以及教育教学工作的各个环节,全书立意深邃,观念新异,内容翔实,切合实际。

我们深信:广大中小学师生经过不平凡的奋斗历程,必将沐浴着时代的春风,吸吮着改革的甘露,认真地总结过去,正确地审视现在,科学地规划未来,以崭新的姿态向和谐校园文化建设的更高目标迈进。

让和谐校园文化之花灿然怒放!

本书编委会

目 录

第一章	概　述	1
第一节	中小学生心理发展的特点	1
第二节	中小学生心理问题的成因及辨别	7
第三节	中小学生心理疏导的形式、内容和原则	14
第二章	中小学生的学习心理问题及疏导	21
第一节	厌学	21
第二节	挫折心理	25
第三节	考前焦虑	30
第三章	中小学生的人际关系心理问题及疏导	39
第一节	社交恐惧	39
第二节	人际孤独	43
第三节	人际冲突	48
第四章	中小学生的自我意识问题及疏导	54
第一节	害羞心理	54
第二节	自卑心理	68
第三节	逆反心理	71
第四节	嫉妒心理	82
第五节	依赖心理	91

第五章　中小学生的不良情绪问题及疏导 …… 97

第一节　中小学生情绪发展的特点 …… 97

第二节　考试焦虑情绪 …… 99

第三节　抑郁情绪 …… 108

第四节　愤怒情绪 …… 113

第六节　强迫心理 …… 123

第六章　中小学生的不良行为及疏导 …… 129

第一节　撒谎 …… 129

第二节　逃学 …… 133

第三节　吸烟、饮酒 …… 139

第四节　网络成瘾 …… 145

第五节　盲目追星 …… 151

第六节　早恋 …… 157

附录 …… 162

参考文献 …… 201

第一章 概 述

第一节 中小学生心理发展的特点

小学阶段处在 6 岁到 12 岁的童年期。中学阶段分为初中阶段和高中阶段,处在约 12 岁到 18 岁的青少年时期。

初中阶段又称为少年期或青年初期(也有人称之为青春期),约从 12 岁开始到 15 岁结束。这三年是青少年身体发展的一个加速期。在这一阶段人的心理的各个方面虽然也在发展变化,但相对生理发展变化的速度来说则显得较为平稳。这是由于身心发展的不平衡,使初中生面临诸多心理上的问题,也是大家最需要重点关注的时期。

高中阶段即青年中期,约从 15 岁到 18 岁。经过前阶段的连续发展,高中生在生理发育上已基本成熟,在智力发育上也已接近成人水平,在个性及其他心理品质上表现出更加丰富和稳定的特征。

一、小学生心理发展的基本特点

(一)小学生心理发展的阶段性特征

1. 低年级段(一、二年级):在身体发育上处在平稳发展的时期。由于脑功能发育在心理发展过程中处于"飞跃"发展的阶段,大脑神经活动的兴奋性水平提高,行为上表现为既爱说又爱动;他们的注意力不持久,一般只能持续 20 分钟左右;他们的思维中形象思维占主导,逻辑思维不是很发达,很难理解抽象的概念。还有一个显著的心理特点便是对老师有特殊的依恋心理,对老师的信任甚至超过了对家长的信任,另外,常挂在嘴边的话是:"老师说了……"他们开始评价自己和别人了,但评价自己时,只说优点,评价别人时则容易受成人的影响。

2.中年级段(三、四年级):除大脑外,三、四年级学生的各项生理指标只在量上比一、二年级的学生有所提高,没有质的飞跃,仍处于平稳发展阶段。但大脑的容量和机能却处于迅速发展的时期,特别是大脑内的抑制功能蓬勃发展,使心理活动更趋稳定。具体表现为:比一、二年级的学生更容易集中注意力听课;虽然常常出现"有话说不清"的情况,但语言能力有明显提高;逻辑思维迅速发展,他们在接触"好与坏"、"正确与错误"、"主要与次要"等概念时,尽管还有些模糊,但已有了初步的认识。

三年级学生处于学习分化和情绪波动阶段,四年级学生处于习惯养成和情绪稳定阶段,因此处在这一过渡时期的小学生会出现一些特殊的心理特点。其中最明显的心理特点是自我意识萌发并逐渐增强,主要表现为对外界事物有了自己的认识态度,开始尝试自己做出判断。他们不再无条件地信任老师,而且特别关注老师是否"公平"。另外,由于这一阶段的小学生在心理上处于"动荡"的过渡时期,"不听老师话"的现象逐步出现。

3.高年级段(五、六年级):身体发育再次进入一个高速发展期,被称为第二发展期。身高、体重明显增长;肌肉、骨骼的力量也在迅速增强;特别是到六年级的时候,会呈现第二性征。

在心理方面,智力有了很大的发展,逻辑思维逐步占优势,创造思维也有了很大的发展;好奇心增强;盲目追星;独立意识进一步发展,常常认为自己已经长大成人,甚至比成人还高明,开始喜欢自作主张,甚至出现顶撞老师和家长的行为。

(二)小学生常见的心理问题

1.学习问题和障碍:学习困难(学习不良、学习障碍)、厌学等。

2.个性问题和障碍:自卑、自负、依赖、逆反心理等。

3.情绪问题和障碍:考试焦虑、抑郁、孤独、暴躁等。

4.人际关系问题:师生关系、同学关系、亲子关系的不协调问题。

5.道德品质问题:说谎、偷窃、打架等。

二、初中生心理发展的基本特点

初中生心理发展明显受到生理发展的影响。

(一)生理表现

初中生正处于青春发育期,这个阶段是青少年生长发育的第二个高峰期。在这一时期,初中生的身体和生理机能都发生了急剧的变化,主要表现在身体外形的变化、内脏机能的成熟及性的成熟三个方面,这是青春期生理发育的三大巨变。

1. 身高的迅速增长

初中生外形变化最明显的特征就是身高的迅速增长。一个人身高的增长有两个高峰期,第一个高峰发生在1岁左右,那时身高一般至少增加50%。第二次生长高峰即发生在初中阶段。据统计,在青春期以前,儿童平均每年长高3~5厘米,而在青春发育期,每年至少要长高6~8厘米,甚至可达10~11厘米。

男女初中生的身高变化是有差异的。男生进入身高生长加速期的平均年龄是13、14岁,然后增长速度逐渐下降。女生的这一过程要先于男生近两年。大多数女生从11岁左右开始进入身高生长加速期,14岁左右达到高峰。

2. 体重的快速增长

体重的增长反映身体内脏的增大、肌肉的发达和骨骼的增长变粗,也反映出营养及健康状况等,所以,体重也是身体发育的一个重要指标。

3. 体内机能的完善

主要表现在血压接近成人水平,高压为90~110毫米汞柱,低压为60~75毫米汞柱;肺活量增大;肌肉增强;大脑的发育成熟。

4. 第二性征的出现

男性表现为喉结突出,嗓音变粗,生长胡须、腋毛、阴毛,阴茎、睾丸变粗变大等。女性表现为嗓音变细,乳房隆起,脂肪增多,生长腋毛、阴毛等。

5.性的发育成熟

生殖系统是人体各系统中发育成熟最晚的,它的成熟标志着人体生理发育的完成。

(二)生理变化对心理活动的影响

青春期的到来对初中生的心理发展有很大的影响。

首先,由于身体外形的变化,初中生的成人感也逐步增强。他们在心理上希望能尽快进入成人世界,希望尽快摆脱童年时的一切,寻找到一种全新的行为准则,扮演一个全新的社会角色,获得一种全新的社会评价,开始自觉地去体会人生。然而,心理上的这种夙求并不能在现实中得到满足,因为无论是在学校还是在家庭中,初中生的社会角色依然还是一个孩子。初中生在这种无形的矛盾中产生了种种心理上的困惑。

其次,由于性的成熟,初中生对异性产生了兴趣和好奇,萌发了与性相联系的一些新的情绪情感体验,滋生了对性的渴求,但又不能公开表达这种愿望和情绪,所以他们常常体会到一种强烈的冲击和压抑。

(三)初中生心理发展的主要特点

1.反抗性与依赖性并存

由于初中生产生了一种强烈的成人感,所以就产生了强烈的独立意识,逐渐不愿顺从和听取父母、老师及其他成人的意见,在生活中,从穿衣戴帽到接人待物,常常处于一种与成人相抵触的情绪状态中,即我们常说的逆反心理。

但是,在初中生的内心并没有完全摆脱对父母的依赖,只是依赖的方式有所变化。童年时,对父母的依赖更多的是在生活上,初中生对父母的依赖则改变为希望从父母那里得到精神上的理解、支持和保护。在生活中的许多方面,初中生还是非常需要成人的帮助,尤其是在遭受挫折的时候,对成人更有依赖感。

2.成人感和幼稚性并存

由于身体的发育成熟使初中生产生了成人感,但在辩证思维方面才刚刚萌芽,思想方面仍带有很大的表面性和片面性,情绪体验也缺乏成人的深刻和稳定,外加社会经验不足等幼稚性特点,这无疑会给初中生带来许多的心理冲突和矛盾。

3.闭锁性和开放性并存

进入青春期的初中生,渐渐地将自己的内心封闭起来,心理生活丰富了,但愿意表露出来的东西却少了。把日记藏起来避免别人看,就是把自己内心世界封闭起来的最好印证。

与此同时,初中生又感到非常孤独和寂寞,希望能有人来关心和理解自己。他们不断地寻找朋友,一旦找到,就会推心置腹,毫不保留。因此,初中生在向大部分人封闭自己的同时,又向自己接受和喜欢的人表现出明显的开放性。

4.高傲和自卑并存

由于初中生尚不能确切地评价和认识自己的智力潜能和性格特征,很难对自己做出一个全面而恰当的评价,因此往往是凭借一时的感觉对自己轻下结论。这样就导致他们对自己的自信程度把握不当。几次甚至一次的成功,就可以使他们认为自己是非常优秀的人才而沾沾自喜。一些偶然的失利,也会使他们认为自己无能透顶而极度自卑。这两种情绪往往交替地出现在初中生身上。

5.勇敢和怯懦并存

在一些情况下,初中生似乎能表现出较强的勇敢精神,但此时的勇敢带有鲁莽和冒失的成分,具有"初生牛犊不怕虎"的特点。这是因为,首先,他们在思想上很少受条条框框的限制和束缚,在主观上,没有过多的顾虑,能够果断地采取行动。其次,由于他们在认识能力上的局限性,使其经常不能立刻辨析出那些危险的情境。

但在另外一些情况下,初中生也常常表现得比较怯懦。例如,他们在公众场合常羞羞答答,未说话先脸红等。上述行为与他们缺乏生活经验有很大的关系。

6.烦恼突然增多

不知道以何种形象出现于公众面前,不知道如何在同伴中保持较高地位,不知道怎么选择朋友,不知道怎样疏导挫折、焦虑情绪等等。

7.与父母的关系出现问题

第二断奶期,父母的干预与孩子追求独立之间的矛盾更加突出。

三、高中生心理发展的基本特点

随着生理发育的逐步完成,高中生的心理发展进入一个相对稳定、成熟的高度发展阶段。

1.自我意识的高度发展

高中生已能完全意识到自己是一个独立的个体,因此,要求独立的愿望更加强烈,但是,这种独立性的要求是建立在与成人和睦相处的基础上的,与初中时期的反抗性特点有所区别。多数高中生基本上能与父母或其他人保持相互尊重、和平相处的关系,反抗情绪和行为逐渐减少。

高中生尤其注重个性成长,十分在意自己的优缺点和别人对自己的评价。当受到肯定和赞赏时,会产生强烈的满足感,反之,易产生强烈的挫折感。

2.意志的坚强性

高中生已经能够理智地思考自己的人生理想,并有为之不懈努力的决心。因此,在面对困难时能够表现出更加坚强的意志力,会想办法克服困难而不是躲避。不少高中生甚至会因为自己的前途而毅然改掉多年的坏习惯,这种意志力是大部分初中生所缺少的。

3.情感的复杂性

在师生关系的处理方面,高中生对老师的态度以及和老师相处的方式更为复杂,他们对待老师往往是既尊重又保持一定的距离,有的学生还常以给老师"出难题"、"找麻烦"的方式,来吸引老师对自己的注意。在友情方面,高中生交友的人数在减少,但亲密度在增加。不少高中时期的好朋友往往能延续到成年,甚至一生。在异性关系方面,高中男生和女生的关系已由"刻意疏远"逐渐发展为"喜欢接近",有的发展成了"早恋"。

4. 兴趣爱好的稳定性

在高中以前,学生的兴趣爱好往往有很大的随意性,更多的时候是受周围人的影响。而到了高中阶段,大部分学生能够按照自己的意愿去选择兴趣爱好并相对专一,因此高中生的兴趣爱好呈现相对稳定的趋势。

第二节 中小学生心理问题的成因及辨别

一、中小学生心理问题的成因

中小学生的教育和成长关系到国家和民族未来的发展。对于他们成长过程中产生的心理问题,我们必须予以重视,深入分析研究并努力加以疏导,保证中小学生身心的健康成长。

在教育教学活动中,我们发现中小学生不同程度地存在着心理问题。例如,有相当多的学生虽然学习成绩较好、遵守校规校纪,但心理承受能力较差,稍有失败就垂头丧气,甚至萎靡不振;一些高年级学生由于青春期的到来,出现烦躁不安、情绪不稳定等心理状态;还有一部分学生由于表现欲的膨胀,爱出风头,在集体中称"老大",在叛逆心理驱使下和不良价值观的影响下,带头违反学校制度、破坏公共财产,甚至打架、斗殴、勒索他人等。那么,造成学生心理问题的因素有哪些呢?

1. 家庭因素

家庭关系不和谐、家庭教育不当或家庭成员缺失会给孩子的心理成长造成极大影响,这些不良影响可能会伴随孩子的一生。单亲家庭的孩子缺少父爱或母爱,其中大部分孩子缺乏安全感,性格表现为自卑、内向、胆小,亲情缺乏造成的不良影响会随着孩子年龄的增长逐渐发展成心理问题或心理障碍;还有一些家庭,由于父母的教育方法或管理方法不当,使孩子受到心理上的伤害;有的家庭是因为父母比较忙碌,无暇顾及孩子,对孩子放任自流,即使发现孩子有不当行为也没有及时的引导,造成孩子心理问题的出现。

2.学校因素

中小学生在家庭外部接触的主要对象是老师和同学,活动空间主要在学校。因此,我们可以称学校是中小学生成长的第二家园。但目前我国的中小学教育体制中存在的弊端对学生心理成长存在很多不利影响。著名心理学专家秦园林教授说过:中国的教育尤其是中小学的教育依然是围绕考试分数的教育。小学与初中虽然都属于义务教育阶段,但每个学校内部对教师的教育教学评价仍以所教学生的文化课成绩为主要依据(甚至是唯一的依据),这样评价的必然结果是教师只关注学生的学习成绩而忽略学生其他方面的成长。沉重的课业负担和升学压力会给学生带来沉重的心理压力,同时师生关系不和谐也令学生不能表达长期的心理压抑,难免会导致各种心理问题或心理障碍的出现。

3.社会因素

随着我国经济的持续发展,社会矛盾也日渐复杂,而多元价值观的冲击对青少年的心理产生着重大的影响。由于青少年的价值观还未最终确立,且心理成长不稳定,易受外界环境的影响,社会上不良风气的侵袭,则成为中小学生心理健康问题的一大成因。受不良社会风气影响的学生在学校里表现最多的不良行为有当"老大"、收"保护费"、"勒索"、抽烟、说脏话等。

4.心理因素

小学中高年级阶段和初中阶段是学生心理抵抗情绪最明显的一个时段,这段时间如果没有正确的引导,没有必要的疏通,这些学生往往会变得偏激,或变得与家庭、学校、社会对抗,所造成的后果也是不堪设想的。

二、中小学生心理问题的类别

对于中小学生心理问题行为的划分,国内外学者有不同的划分方法。常见的划分方法有二分法、三分法、四分法、五分法。

二分法：美国心理学家威克曼提出的二分法，把问题行为分为扰乱性的（如不守纪律、不道德等）和心理性的（如退缩、抑郁等）。我国学者孙煜明也把问题行为分为两大类：一类是外向型（攻击型）的，一类是内向型（退缩型）的。

三分法：美国心理学家奎伊认为，除扰乱性的和心理性的两大类外，还存在青年早期表现出来的在情绪上和社交上的不成熟，如活动过度、低级趣味、缺乏信心、注意力不集中等第三类问题行为。我国学者魏庆安则把青少年问题行为分为三个方面：学生智慧能力和认知能力发展方面的问题；学生品德发展方面的问题；个性发展方面的问题。杨国枢则把中学生的问题行为分为违规记过行为、心理困扰行为和学习困扰行为三大类。

四分法：我国学者左其沛把问题行为分为四类：过失型、攻击型、压抑型和品德不良型。

五分法：日本心理学家古泽赖雄把问题行为分为五种类型：①神经性行为，主要是心理原因引起的，如咬指甲、习惯性抽筋、习惯性痉挛等；②人格问题，如反抗、粗暴、说谎等；③智力问题，如智力不能适应学习、学习成绩不良、逃学等；④精神病行为，由精神病引起的行为异常；⑤社会性行为问题，如不良品质和犯罪行为等。我国学者彭驾梓也把青少年学生反社会行为分为五类：攻击性行为、不诚实行为、冲动性行为、违规行为和逃学离家行为。

上述的分类方法，帮助我们对心理问题有一个基本的认识和全面的了解。结合我国中小学生的实际情况，我们通常将其常见的心理问题做如下的分类：

1. 学习问题

学习是中小学生生活中的重要内容。学生在学习中不仅面临学习方法上的适应、学习习惯上的优化、学习兴趣和动机方面的维持与调整，也面临着由于自我意识的觉醒带来的对成绩及其成就意义的正确理解等问题。部分中小学生学习出现了学习内部动机不足、学习困难、学习成绩波动和考试焦虑等问题。

2. 个性心理问题

虽然中小学生的个性远未定型,但是在这个性格开始出现雏形以及对自己的优点和缺点高度关注、逐步选择自己认同的价值观的年龄,个性问题也是不容忽视的。这个年龄的学生自我教育能力尚不成熟,需要教师和家长对他们的个性问题给予重视。中小学生出现的人格障碍主要有依赖、回避、强迫、被动攻击和自我中心等。

3. 人际交往问题

由于半成熟半幼稚的年龄特征,中小学生,特别是中学生一方面渴望自己能够熟练地与别人进行适度的交往,以树立自己的"成人"形象,得到大家的认同和接纳,另一方面又缺乏相应的交往技能,因此,他们容易出现一些交往问题。例如,有的过于小心谨慎,变得退缩和孤独;有的太在意自己在别人心里的印象,变得过度敏感猜疑;有的自控能力较差,造成严重的人际冲突和对抗。

4. 自我意识问题

中小学生,特别是中学生自我意识的高涨是一个十分突出的心理特征。由于自我意识处于不平衡的迅速发展的状态下,他们经常面临一些自我意识方面的问题。比如,不能客观地认识自己的优点或缺点而导致的自卑心理或自负心理,强烈的独立需求带来的逆反心理,强烈的自尊心和片面地维护自己的面子和形象而产生的嫉妒心理等。

5. 情绪问题

中学阶段是学生消极情绪比较多见的时期。虽然大多数学生都会受到各种各样的消极情绪的侵扰,但是这些情绪一般比较容易消除和转移。如果一种消极的情绪长期得不到消除,成为学生的主导心境,会给学生的学习、生活带来严重的困扰。中学生常见的情绪障碍有焦虑、抑郁和恐惧等。

6. 各类不良行为问题

由于心理发展的不平衡，学生对自己行为的理性选择和自主控制的能力也不够强，容易发生由于冲动、自制力弱、爱慕虚荣等导致的各类行为问题，比如偷窃、撒谎、网瘾、追星、攀比等。

7. 性心理问题

性生理的成熟和性心理的迅速萌发是初中学生身心发展的重要表现。虽然大多数学生在自己的摸索和师长的教育下可以顺利适应这个新的身心变化，但是也有不少学生会因为受到不良的媒体宣传和社会风气的影响，或者自身知识与控制能力的缺陷，出现一些不利于身心健康的性心理或性行为问题，有些问题甚至对他们以后的身心发展造成严重的不良影响。

8. 一般性适应不良

这是一类面对情境因素的变化时，由于不能及时调整自己的方法、心态或行为规范而导致的相当长一段时间内的心理不适应的问题。中小学生常见的情境变化有教师的更换、转学、升学以及家庭方面的变化，如父母离异、失去父母等。这些变化对于心理发展不平衡的中小学生而言，无疑会增加心理适应上的难度。

9. 应激与突发事件中的心理问题

一般性适应问题主要面对的是可预测的变化，这些变化一般会持续一段时间或提前就可以做些准备。在中小学生的生活中，也会有极少的时候遭遇突如其来的重大打击或挫折，比如生急病、重病、失恋、重大考试失误、意外的人际冲突或创伤等。这些问题对于经验较少、刚刚步入独立生活领域的中小学生来说当然是很难面对和自行处理的，更加需要家长和老师给予特别的关照、支持和引导。

三、中小学生心理健康的标准

联合国世界卫生组织给健康下的定义是：所谓健康，不仅在于没有疾病,而且在于身体健康、心理健康、社会良好适应能力和道德健康。可见,心理健康是衡量一个人是否真正健康的重要内容。那么,中小学生心理健康的标准是什么呢?

1. 正常的智力

智力发育正常与否是衡量中小学生心理健康的重要标准之一。正常的智力是中小学生学习所必需的最基本的心理条件。如果一个中小学生的智力明显低于同龄人的水平,则属于智力发育不正常。通常我们会把智商在90以上者都看成是正常的。一般认为智商在90～110之间为中等,在110～120之间为偏上,在120～130之间为聪明,在130以上者为天才。相反,当智商在80～90之间为偏下,在80以下为弱智。

2. 稳定的情绪

情绪稳定、乐观是中小学生心理健康的重要标准。喜怒无常、盲目地自惭自愧、怨天尤人,都属于情绪不良。

3. 适度的反应

人的行为反应是存在差异的,有的反应敏捷,有的反应迟缓。但是,这种差异有一定的限度,超过一定的限度就不正常了。反应敏捷并非反应过敏,反应迟缓不等于无反应。对事物的反应强度应视事物的作用大小而定。反应异常敏感或异常迟钝都属于不健康的表现。对外界事物毫无反应,这是患了严重的心理疾病;对重大刺激无动于衷、反应微弱也是不正常的现象;而对任何事物都反应强烈,一点小事就大惊小怪、心惊肉跳,稍有意外就惶惶不可终日,偶遇挫折就无法忍受等,都是心理反应不良的表现。

4. 和谐的人际关系

具备健康心理的中小学生,乐于与人交往,善于理解、尊重、信任和帮助他人,以真诚、谦让的态度发展和保持和谐的人际关系。相反,远离人群、独来独往,可能意味着开始出现人际关系的问题。与集体总是格格不入,没有伙伴,很少与人往来,是人际关系不良的一种表现。

5. 心理与行为符合年龄特征

不同的年龄阶段有不同的心理和行为特征。心理健康的中小学生，应具有与自己年龄特征相符的心理和行为。如果心理和行为经常偏离自己所属的年龄特征，如过于成熟老气横秋，或天真撒娇、一会儿哭一会儿笑，都是不正常的。

以上心理健康的标准可供参考，中小学生应掌握这些标准，对照自身，如果在哪些方面有偏差，可以在本书中找到相关的内容有针对性地加以心理练习和疏导，如果偏差很大应到专门的心理咨询机构寻求帮助。

四、中小学生心理问题的判断依据

要判断一个人的心理是否正常，并不是一件容易的事。因为正常和异常之间没有绝对的界限。临床心理学上，对心理和行为是否异常的判别一般依据以下标准：

1. 以经验作为标准

所谓经验的标准有两种含义：其一是指个体自己的主观经验，如果他们感到忧郁、不愉快或自己不能控制某些行为时，就会去寻求医生的帮助。这种判别标准常用在许多心理障碍患者身上，但也有某些有心理疾病的患者则由于坚决否认自己"不正常"而正好作为其行为异常的标准。其二是指医生或心理咨询师根据自身的临床经验来判别正常与异常。这种标准应用普遍，但需因人而异。

2. 以是否适应社会作为标准

人总是在特定的社会环境中生活，一般情况下，人的行为总是与环境协调一致的。人依照社会生活的要求来适应环境和改造环境，因此，人的行为是否符合社会准则，是可以根据社会要求和道德规范判断的。这里的正常或异常首先是与社会常态的比较而言的，因此，也可以说这一标准是根据人行为的社会意义及个人完善的愿望为出发点。当然，人的社会适应行为和能力是受时间、地点、习俗和文化等条件影响的，因而这一标准也并非一成不变的。

3.病因与症状存在与否的标准

有些异常心理现象或致病因素在正常人身上是一定不存在的。若在某些人身上发现这些致病因素或疾病的症状，则被判别为异常。例如麻痹性痴呆、药物中毒性心理障碍等不是人人都有的，那么确定有无梅毒螺旋体或某些药物的存在就可以作为判别异常的依据。此时，物理化学检查、心理生理测验等有重要的意义。这一标准比较客观，但应用的范围比较窄，因为不少心理障碍并没有明显可查的生物学病因，而且心理异常现象常常是多种因素导致的身心机能障碍。

4.统计学标准

这一标准来源于对正常心理特征的心理测量，它是以全体人群中具有这种特征的人数的分配为依据的。在取大样统计中，一般心理特征的人数频率多为常态分布，居中间的大多数人为正常，居两端者为异常。因此，确定一个人的行为是正常或异常就是以其心理特征是否偏离平均值为依据。这里，异常是相对而言的，其程度要根据其与全体的平均差异来确定。这种判别标准也是较为客观的，但有一定的局限性。

如上所述，在心理异常的划分上，很难找出一个十全十美的、客观而又一致的标准。上列种种标准中，几乎没有一个能在单独使用时完全解决问题。但这并不是说心理活动的正常和异常就无法鉴别了。事实上，在患严重精神病时，所有的标准都是适用的。但在临界状态（边缘状态）时，则任何一种标准都难以单独判定。心理行为从正常范围过渡到异常范围会有许多细微的变化，而到了一定的阶段是会有突变的。这必须通过量与质的辩证关系的分析才能正确解决。

第三节 中小学生心理疏导的形式、内容和原则

一、心理疏导的概念及特征

1.心理疏导的定义

心理疏导，即心理辅导。关于心理辅导的定义，不同的学者有不同

的界定。

美国著名心理学家罗杰斯认为：心理辅导是一个过程，在这个过程中，辅导员与来访者之间的关系能给予后者一种安全感，使其可以从容地开放自己，甚至可以正视自己过去曾否定的经验，然后把那些经验融合于已经转变了的自己，统一整合。

北京大学钱铭怡教授认为：心理辅导是通过人际关系，应用心理学的方法和技术，帮助来访者自强自立的过程。

2. 心理疏导的特征

综合以上观点，我们可以看出心理疏导具有这样几个特征：

(1)心理疏导是通过特定的人际关系来进行的，这种人际关系具有治疗的功能；

(2)辅导人员必须是经过专业训练的，具有丰富的心理学知识和技能；

(3)疏导不是教导，而是协助，协助对方使其达到自强自立；

(4)疏导是个历程，是一系列朝向目标的行动和步骤，而这个目标就是帮助来访者解除各种心理的困扰，促进其自我了解、自我接纳和自我的健康成长。

3. 学校心理疏导

学校心理疏导，则是指学校情境中的心理辅导，它所针对的个体是处在发展阶段中的青少年。台湾著名心理学家冯观富教授认为：在教育体系中，心理辅导既是一种思想，也是一种情操，还是一种行动(服务)。学校辅导人员应根据青少年身心发展的需要，配合社会环境的要求，运用科学的方法、有计划的步骤、有效的活动方式，以最热诚的态度，积极地帮助、促进学生了解自我、发掘兴趣，进而解决心理问题，帮助学生以健康的身心投入到学习和生活中去。

二、中小学生心理疏导的形式和内容

(一)中小学生心理疏导的形式

根据不同的划分标准，我们将心理疏导进行以下分类。

1.按照心理辅导对象的数量划分,主要包括个别辅导和团体辅导。

(1)个别辅导

个别辅导,是指一位辅导员对单个来访学生进行面对面的咨询辅导的形式。由于这种辅导过程没有其他人在旁边,辅导对象一般顾虑较少,可以毫无保留地表达自己的真实思想,倾吐内心的秘密,所以它是心理辅导中最常用的类型。

(2)团体辅导

团体辅导,是将具有同类问题的学生组成小组或较大的团体,进行共同商讨、指导或矫治的心理辅导形式。

2.按照心理辅导的目标划分,还可将中小学生心理辅导划分为三种功能的辅导:一是治疗性的辅导,二是预防性的辅导,三是发展性的辅导。三种不同功能的辅导在对象、目标和方法手段上都有所不同。

(1)治疗性辅导

治疗性辅导的主要重点为学生的问题,诊断、治疗皆以该问题为中心;辅导对象仅限于少数有问题的学生;经常使用测验或其他测量工具,并注重测验结果的解释、运用;大部分偏重个别咨询式的辅导;与教师讨论该学生的问题;注重与家长的联系,以求解决学生的问题。

(2)预防性辅导

预防性辅导仍以问题为重心,但辅导工作在问题发生之前或正在发展之际进行,目的在于防止问题的发生或扩大;仍注重对学生的诊断与治疗,但为预防性质;预防对象较治疗性辅导更广,以求遍及全体学生,但实际上因工作人员的时间、精力等限制,仍以少数有问题倾向的学生为主;仍以个别咨询式的辅导为主,但亦运用团体辅导形式;与教师之间的讨论扩展到咨询范围;保持与家长的联系,为预防措施之一。

(3)发展性辅导

发展性辅导以全体学生的发展为辅导重心,目的在于协助整个学校的教育措施为学生提供最佳的学习情境,以利于学生整体的发展;学生问题不属于辅导重点,但如必要时,亦可协同学校其他人员进行个别或团体式的辅导；与教师保持密切联系，特别注重以发展的观点对教学方法、教材、教具等提供积极性的建议，以作为教师的参考；与家长的关系亦着眼于如何共同建立良好的学习环境、如何协助学生发展等。

(二)中小学生心理疏导的内容

不同形式的心理疏导，体现着中小学生心理疏导的不同手段和功能，但就其内容来说，无论哪种形式的疏导都包含着这样几方面的内容：生活辅导、学习辅导、生涯辅导及心理健康辅导等。

1. 生活辅导

所谓生活辅导，即辅导人员协助学生从家庭、学校及社会生活中获致良好适应的历程。学生所生活的家庭、学校及社会，有其共同约定的生活习俗与规范，亦有其认同的生活意识形态，必须遵从这些规范才能为其他成员所接纳，如果违背生活团体的共同模式，则可能被视为"异类"或适应不良。协助学生遵从生活习俗与规范，以增进其适应各种生活情境的能力，即为生活辅导。

2. 学习辅导

所谓学习辅导，即辅导人员协助学生发展潜能、增强学习效果，以达到自我实现的历程。学生从事各种学习活动，常因学习材料、方法、过程、动机、兴趣、智能、性向等因素形成不同的学习效果。对于有较高成就的学生，设法协助其获致更高的成就；对于成就较低的学生，亦应利用各种适当的方式协助其解决学习上的困扰，提高学习的效果。这种协助学生从事有效的学习活动，以增强学习的效果辅导，即为学习辅导。

3. 生涯辅导

所谓生涯辅导，即辅导人员协调学生探究、统合并运用相关知识、检验及价值评估标准，对个人、整体的职业生涯做出正确评价和认知的有系统的辅导计划。生涯辅导的概念源自职业辅导，最初意在协助个人做职业的选择。但随着时代的发展，狭义的职业辅导已不足以适应个人的整体生活与现代社会要求，生涯辅导一词乃应时而兴。

①自我了解；②工作时间及有关的影响因素；③休闲时间与活动时

个人生活的影响与重要性;④生涯计划中必须考虑的各种因素;⑤在工作与休闲中达成自我实现必须具备的条件。

4. 心理健康辅导

所谓心理健康辅导,即辅导人员协助学生了解自己的情绪,了解自己情绪背后的认知模式,懂得以恰当的方式调节自己的情绪,预防心理障碍的发生。青少年学生处于情绪不稳定的阶段,他们在自己的学习和人际交往中,容易被各种挫折或不如意的事情所影响,出现消极情绪。特别是青春期的学生,性生理的成熟和性心理的发展可能带给他们许多困扰,处理不好则可能造成心理疾患。另外,青少年学生处在个性发展的重要时期,怎样发展良好的个性、树立正确的自我意识,也是辅导工作的重要内容。总之,这种以促进学生健康情绪和健全人格为目的的辅导,即为心理健康辅导。

三、中小学生心理疏导的原则

心理疏导作为一种特殊的助人形式,它所遵循的原则和要求是有其独特性的。了解辅导的原则,就能更好地理解心理辅导的重要性,把握辅导的方向。国内学者张小乔就个别心理辅导提出了五个原则:保密性原则、理解支持的原则、耐心倾听和细致询问的原则、疏导抚慰和启发教育的原则、促进成长的非指示性原则。具体阐述如下:

1. 保密性原则

保密性原则是心理辅导中最重要的原则,它是鼓励来访者畅所欲言的心理基础,同时也是对来访者人格及隐私权的最大尊重。通常,来访者到心理辅导室寻求帮助时,是不愿意让别人知道的,尤其是如果当事人还有一些不能让人知道的秘密,比如是一个曾经被性侵犯的受害者或有不轨行为的人,他们就会有很大的心理压力。只有在他们确信辅导员会对他们的谈话内容保密时,即建立了相互信任的咨询关系后,才可能说出自己未向任何人泄露过的内心隐秘,这时也才是真正解决其心理困扰的开始。所以,保密性是辅导员必须严格遵守的原则。

2. 理解支持的原则

来找心理辅导员的人，一般都意识到自己在情绪或行为上存在某些问题和困扰，想要通过辅导员的帮助而得以解决，因此他们对辅导人员抱有很大的希望。同时，他们也会存在某些担忧和疑虑，担心辅导人员不能诚恳相待，不能理解他们的苦衷，不能给他们强有力的支持。因此，在心理辅导过程中，理解支持的原则是非常重要的。具体来说，对来访者的理解支持体现在以下几个方面：

(1)辅导人员热情自然的态度。辅导人员热情而自然的态度，有助于安定来访者的情绪，有利于形成和谐的交谈气氛并建立相互信任的人际关系。作为心理辅导员，必须要有一颗乐于助人的心。

(2)辅导人员的理解和关心。通常，来访者的心理问题是各种各样的。有时，有的来访者的问题在常人看来确实是一种不可理解的怪癖，有的甚至是让人反感和厌恶的，但辅导人员对此应有正确的理解。

(3)辅导人员的支持和保证。一个人在心绪不宁或精神上感到痛苦的时候，最需要别人的支持与安慰，有时几句温暖人心的话，一些关心的表示，都可以使一个情绪快要崩溃的人重新振作起来。当然，对来访者的支持要注意实际性和技巧性，给予有效的支持和安慰。不要只说一些空洞的安慰话，比如说"你会没事的，放心吧"等等，这是不会让对方感到真正安慰的。对来访者的有效支持主要包括专心的倾听、理解性的同感、情感的反应和适当的保证等。

3. 耐心倾听和细致询问的原则

心理辅导不是心理学讲座，辅导的过程绝不是由辅导员向来访者讲述心理学知识，而是启发来访者自己讲述问题。所以，倾听是心理辅导中的重要步骤，只有认真倾听才能了解对方存在的心理问题，才能正确判别和评估。具体来说，心理辅导员在倾听时要注意以下几点：

(1)倾听要耐心，尽量不要打断对方的谈话。

(2)倾听要专注，及时给予鼓励。

(3)不要过早进行判断和评估。

（4）在倾听时注意对重要线索的细致询问。

4.疏导抚慰和启发教育的原则

心理辅导过程中要对来访者在情绪上进行疏导和适当的抚慰与鼓励，因为来访的人多是有心理负担、情绪低落的人，他们需要理解、支持与安慰。同时，来访者的心理困扰大多与他们看待问题不恰当或不合理有关，因此辅导中还需要对其进行启发教育，在认识上给予他们帮助。具体来说，对来访者的疏导抚慰和启发教育包括：

（1）应尽力给予来访者热情的关怀和支持。

（2）辅导员要帮助来访者做适当的情绪宣泄。

（3）帮助来访者树立自我改变的决心和信心。

（4）帮助来访者树立积极乐观的态度，学会换一个角度看待问题。

5.促进成长的非指示性原则

心理辅导中的非指示性原则是美国人本主义心理学家罗杰斯提出的，他认为心理辅导应以双方的真诚关系为基础，这种关系不是一种灌输的关系，而是一种启发或促进内部成长的关系。因为人有理解自己、不断趋向成熟、产生积极的建设性变化的巨大潜能，因而心理辅导的任务在于启发和鼓励这种潜能的发挥并促进其成长成熟，而不是包办代替地进行解释和指导。

以上原则对于个别辅导与团体辅导均适用。但团体辅导还需要遵循共同性原则和综合性原则。即团体辅导中要注意各成员共同的志趣和共同的问题，使个体与团体相互关注，保持共同的信念、共同的利益和共同的目的；还要综合运用团体辅导的各种方法和技巧，保证团体辅导获得满意的效果。

第二章 中小学生的学习心理问题及疏导

中国儿童心理卫生专业委员会的课题组对一些中学的调查结果显示:59.3%的学生有厌学情绪,其中有学习吃力的学生,也有成绩优秀的学生。厌学心理会直接影响学生的学习及成绩,严重的甚至会危害他们的身心健康。因此,总结中小学生厌学心理问题的表现,分析其产生的原因,并对中小学生的厌学心理问题给予正确的疏导,已成为中小学生健康教育面临的重大任务。

第一节 厌 学

一、中小学生厌学心理的表现

厌学是学生对学习产生厌倦乃至厌恶情绪,从而逃避的一种心态。部分学习好的学生也有厌学心理,但成绩中下等的学生比较严重,主要的表现有:上课精力不集中,走神、发呆、讲话、捣乱、睡觉或者做些小动作,无视课堂纪律,不愿看书,不愿写作业等;经常迟到、早退、旷课、逃学,对老师、家长的一些要求有抵触情绪。更为严重的,对大多数学科失去兴趣,每天只是在外部压力下机械、被动、不动脑子地学习。每天在这种状态下学习的学生,其学习成绩不仅不会提高,反而越来越差,形成了恶性循环。中小学生正处于长知识、长身体的重要阶段,他们对外部世界充满好奇心,有着强烈的求知欲,所以厌学并非中小学生成长过程中的必经阶段,而是一种病态现象,是多种因素交互作用的结果。

二、中小学生厌学心理的成因

(一)学生自身的因素

1.学习动机不明确

学习动机是激发和维持学习活动的动力。调查研究发现,很多中小学生学习多由于外部动机,如"为了考取名牌大学","为了考试及格","为了父母"等等,而内部动机不足,不是为了满足自己对自身进步发展的需求,不是为了满足自身求知欲和好奇心。这种学习动机的偏离是导致厌学心理的一大重要因素。

2. 自卑、失败体验多

有些学生在学习过程中遇到困难,遭遇了失败与挫折,或者曾受到老师的讥讽、家长的打骂等,逐渐形成了对自我的消极评价,认为自己没有能力把学习搞好,于是自暴自弃,逐渐失去了对学习的兴趣。

3. 人际关系差

由于性格原因,或者因为人际交往受挫折,在学校没有好朋友,感到孤独、寂寞,也会产生厌学心理。

4. 依赖心理强,缺乏责任感

大部分学生是独生子女,从小受宠,总是处于一种被照顾、被关爱的状态,对父母和老师有强烈的依赖,缺乏对自我的管理能力。有些同学兴趣广泛,但缺乏持久性,学习上缺乏自觉、自律,易出现浮躁、动摇、退缩行为,不能从对自我负责的角度来约束自己,而总是放纵自己。

(二)学校教育因素

1. 学业负担过重

科学研究表明,任何知识的学习过程,对知识的理解与巩固都需要人的感觉、知觉、注意、记忆、思维和想象等心理活动的参与,学习过程需要投入很大的精力和体力,如果学业负担过重,学习时间过长,超越了学生能够投入精力的正常限度,就容易使学生产生心理疲劳和厌倦。

2. 应试教育

各个学校现在都以升学率作为教育的指标,一切以分数为标准,教师和学生都面临巨大的升学压力,部分教师只抓尖子生,忽略"升学无望"的学生。使得这些学生得不到尊重、关心与帮助,自尊心不断受挫,由最初的惭愧、内疚心理,继而发展成反叛心理,寻衅闹事,"破罐子破摔",进而通过一些不良行为来宣泄自己的不满,学习消极、抄袭作业、旷课逃学等。长此以往,恶性循环,最后导致他们对学习完全失去兴趣,成绩也就越来越差。

3. 教学模式

教学观念陈旧,教学方法单一,只重知识的传授,忽略学生心理的沟通交流和教学的互动,这些教学模式都造成了学生在学习上习惯性的被动。学习的积极性、主动性都得不到调动,压抑了学生的求知欲和好奇心,使学生对学习缺乏新鲜感,失去探索的欲望,久而久之就形成了厌学心理。

(三)家庭教育因素

在日益激烈的社会竞争的压力下和父母"望子成龙"、"望女成凤"的观念驱使下,很多家庭教育的重心或核心都放在孩子的学习成绩上,而忽视了孩子的全面发展,如忽视了对孩子兴趣的培养,压抑了他们个性的成长。孩子的自我发展单一、生活单调,时间长了,体验不到生活的乐趣,对学习就会产生厌恶甚至憎恨心理。有些家庭在对孩子的管教上,或者溺爱有加,或者放任不管,或者要求过分严厉,而只有民主的教养方式才能让孩子形成积极健康的心态。有的家庭对孩子的学习不关心、不过问,使孩子觉得学习好坏无所谓。当孩子成绩下降或未达到预期要求时,有的父母会打骂孩子。还有的家长给孩子树立了不良榜样,一边自己打麻将,吃喝玩乐,一边要求孩子好好学习,不仅影响了孩子的学习,也对孩子的心理造成了伤害。

(四)社会风气因素

市场经济环境下,多元文化的冲击对于辨别能力和自控能力较弱的中小学生来说是一个严峻的考验。社会上流行的"拜金主义"、"读书无用论"等思想观念,对学生价值观念造成了不良的诱导,使他们放松了对学习的重视,甚至放弃学业。另外社会上流行的一些低俗文化也会吸引好奇心强的青少年们,网络游戏、色情书刊,甚至毒品等,如果沉溺于这些东西,不仅会耽误学习,甚至会危害青少年的一生。

三、中小学生厌学心理的疏导

学生的厌学心理已经严重地影响到学生的学习、成长与发展,那么怎样才能帮助他们克服厌学心理呢?学生厌学心理的形成,是社会、家庭、学校和学生共同作用的结果,但是所有的外因都是通过内因起作用的,并且诸如社会环境、学校教育模式、家庭教养方式等,都不是个人力量能够左右的。所以,引导学生进行自我心态的调整是非常重要的。针对不同学生的厌学原因,可以采取不同的方法。

1. 对于学习动机缺乏的学生,要激发其学习动机

学生本身是有着强烈的求知欲与好奇心的,在成长的过程中,由于诸多外界因素的影响,使得这些动机被掩蔽、压抑了。对于这类学生,要引导其正确认识学习的目的和意义,促使其增强学习的内部动机,比如,学习本身是为了获取知识、提高能力,以便将来踏入社会后,自己能够较快、较好地适应社会,在社会中生存;学习可以增加自己对人生的体验,对人生、对社会能够有一个更好的理解。另外,也可以用其感兴趣的学科激发其对其他学科学习的动力。

2. 对于感觉学业负担过重的学生,要疏解其压力

有些中小学校的教学方式依然是"满堂灌"、"题海战",学生们普遍感觉学习任务重、压力大,除了学习,几乎没有其他的生活内容,甚至都没有时间进行体育锻炼。有些成就动机比较高的学生,还要进行自我加压,给自己增加更多的学习任务,制定更高的学习目标,激励自己更好地学习。但是,由于这些繁重的压力超过了其自身承受能力,适得其反,学生反而因此不能专心学习,学习成绩不但没有提高,反而会下降。对于这类学生,要尽量舒缓其压力,引导学生客观地认识自己,结合自己的实际情况,制定恰当的学习目标。

3. 对于自卑和学习挫折较多的学生,要激发其自信心

对于这类学生,要引导其客观地认识自己,不忽视自己的缺点,也不

要妄自菲薄,忽视自己的优点。"天生我材必有用",每个学生的兴趣、知识、能力各有不同,只要根据自己的兴趣特长来发展自我,每个人都会在自己擅长的领域做到最优秀的自己,正所谓"术业有专攻,如是而已"。

4. 对依赖心强的学生,要激发其责任感

古语云"天行健,君子以自强不息"。对于依赖心理较强的学生,应逐步引导其树立自强自立的意识,并通过必要的行为训练,协助其为自己确立奋斗目标,制订计划,并督促其执行计划,让其为目标努力,使其在承担失败、品味艰辛到收获成功的过程中培养自身的自强意识和责任感。

5. 对人际关系较差的学生,要鼓励其多与他人交往

要鼓励学生在交往过程中,多进行换位思考,多站在他人的角度上想问题,学会体验自己的行为在他人眼中的印象,学会理解与接纳他人,逐渐改进自己与他人交往的技巧,学会与他人沟通,与他人交往。

6. 对于有反叛心理的学生,要引导其理性对待学习

有些外部因素,比如社会、学校和家庭,确实存在着一些弊端,限制、约束着中小学生的个性发展,但可以引导他们,让他们认识到任何事物都是存在缺陷的,世上没有绝对完美的事物。所以,要允许有缺点的东西存在,要理解这一点,好好学习,将来做对社会有用之人。学习本身的目的是为了增长知识,虽然一些外界的因素使得这一目的有所变异,但把厌学作为反叛外界因素的借口,只会对个人发展产生不良影响。

第二节　挫折心理

常言说:"人生不如意事十之八九。"在日常活动和生活中,人们经常会遇到一些不如意的事情,从而产生挫折。在心理学上,挫折是指人在从事有目的的活动中,遭到障碍或干扰,致使预期的动机不能实现而产生的一种焦虑、紧张或沮丧、失意的情绪状态。人们在遭受挫折时,由于自身的承受能力不同,因而会表现出不同的反应。如果处理不当,很容

易引发不良反应,甚至导致心理疾病。

中小学生一旦遭受挫折必然通过情绪、行为等方式反映出来。受挫后的行为反应往往以综合的形式出现。为了便于分析,我们把它概括为两大类:一是受到挫折后伴随着强烈的情绪活动所产生的反应,多为消极性反应,称之为情绪性反应。二是受挫后在理智控制下所作出的反应,多为积极的反应,称之为理智性反应。

一、中小学生挫折心理的行为表现

1. 逃避行为

有的学生受挫后,不敢面对现实,正视挫折,而选择逃避困难,退缩不前,甚至自暴自弃。

2. 回归行为

有的学生受挫后,表现出一种与自己的身份、年龄很不相称的幼稚行为,以简单的、幼稚的方式应对挫折。如有的学生受挫后,坐在地上捶胸顿足、号啕大哭,或撕衣服,或咬手指,以求得别人的同情和关注。

3. 焦虑行为

有的中学生受到挫折后,一时不能及时解决,伴随而产生的一种模糊的、紧张不安的情绪体验就是焦虑。比如有的中小学生由于同学关系不和谐,而感到忧虑、不安;或者由于考试不及格而产生挫败感和羞愧感。

4. 固执行为

有的学生受挫后,不去分析失败原因,总结经验教训,而是固执己见,听不进别人的劝告,不能吃一堑长一智。如有的学生每次考试都不及格,受到父母、教师训斥时,作出"破罐子破摔"、"无所谓"的固定反应。

5. 攻击行为

有的学生受挫后,产生愤怒的情绪,对构成挫折的人或物进行直接攻击。如考试成绩不理想,就把试卷撕得粉碎,以此来发泄内心的不快。也有可能表现为转向攻击,把愤怒的情绪发泄到其他人或物上。

6. 自戕行为

有的学生受挫后,倍感痛苦与精神紧张,将失败的原因完全归结为自己,看不到自己的长处和优点,自暴自弃,甚至做出一些过激的自戕行为。

二、中小学生挫折心理的不良影响

挫折对个体的影响有正反两方面。其消极影响主要表现为:在生理上,经常会产生头晕、恶心、失眠、多梦、困倦、乏力等症状;在心理上经常会产生烦躁、多虑、沮丧、抑郁、恐惧、淡漠等情绪;在行为上,则表现为退缩、拘谨或是攻击、破坏等极端行为。这三方面的消极反应又会相互强化,因而,长期处于这种挫折情绪状态中,就会使个体失去活动的主动性和目的性,甚至会导致身心疾病的发生。

三、中小学生挫折心理的成因

中小学生形成挫折的原因是多方面的,但概括起来讲,大致可分为客观因素和主观因素两大类。客观因素包括社会因素和自然因素,主观因素包括生理因素和心理因素。这里重点谈一下主观因素。

中小学生个人生理因素引起的挫折,一般是指身体条件达不到完成学习、工作、生活的标准及要求。或是因为生理缺陷、疾病以及容貌等方面的限制,使预定计划与目标不能顺利进行,从而引起个人情绪、性格等方面的变化。如由于个子太矮、体型太胖、肢体残疾,而自觉低人一等。

中小学生正处于由不成熟向成熟的心理发展过程中,由于心理发展的不平衡性,应对挫折经验的不足,容易产生这样或那样的心理问题。具体表现为:期望与现实的冲突;社会理想与现实生活的冲突;独立与依赖的冲突;自尊与自卑的冲突;求知欲望与识别能力低的矛盾;情感与理智的矛盾。这些矛盾与冲突如果不能很好地解决,极易使学生产生挫折感。

具体来说,中小学生经常遇到挫折的原因有:

1. 兴趣与愿望方面

兴趣爱好广泛,但实践能力较弱,不能实现自己的愿望;自己的兴趣爱好得不到家长的支持,受到教师的限制等。

2. 学习方面

考试难以取得优异成绩;学习成绩浮动不稳,达不到既定目标;求知欲望得不到满足;家长教师期望值过高,学生学习负担过重,造成心理压力过大等。

3. 人际关系方面

学习成绩较差或身体有残疾而遭到同学嘲笑、讽刺;没有能讲知心话的朋友;师生关系紧张;家庭情感沟通不畅,亲子关系不和谐等。

4. 自我尊重方面

得不到老师、同学、家长的信任和尊重;不能很好地处理自尊与自卑的关系;各方面表现良好,却没被评上"三好学生",没能竞选上班干部;体育比赛、学习竞赛中得不到名次等。

四、中小学生减少挫折感的方法

1. 正确认识自己,理智应对挫折

"尺有所短,寸有所长",人无完人,人的一生也不可能一帆风顺。面对困难和失败,我们要进行正确的归因,不推卸自己的责任,也不能将失败全部归因于自己,理智地分析,勇敢地面对,平静地接受,从容地向前。

2. 不要盲目的攀比

有些同学不顾自己家庭的实际经济条件,追求名牌、高档。因而常因自己的这些需求得不到满足而屡受挫折。细想起来,这些都是自己的虚荣心在作祟。

3. 确立恰当的目标

目标是指综合了各方面条件后精心确立的奋斗方向。如学习目标的确定要考虑到自己的智力水平、知识基础、教育环境等多种因素。不少同学在制定目标时,往往不顾自身条件,总喜欢把身边比较好的样板作为自己的目标,这样不仅很难达到目标,还会不断遭遇挫折,弄得自己灰心丧气。事实上,这个世界上不存在最好,如果说有,那就是把自己的潜力发挥到了极致,也就是说,你尽了全力所做的任何一件事都是最好的。不切实际的目标只会增加一个人的挫折感。

4.学会换一个角度看问题

美国心理学家艾里斯的 a(事件)、b(理念)、c(结果)理论认为,人们往往错误地觉得是事件决定了结果,即 a 决定了 c,其实很多的结果受到理念的影响,而不是事件本身。也就是说,许多不愉快的体验是错误的理念造成的。例如,一群人在等公交车,有些人会想:让我等了这么久,公交公司真该破产,职工也都该下岗,于是就越想越气,但公交车并没有因为有人气愤而提前到来;另外一些人则想:公交车没有来,我就翻翻身边的书刊,观看周围的景色,甚至可以找个人聊聊天,岂不快哉!这样想自己便拥有了好心情。

5.不要过分追求完美

世上本来不存在完美之事,你却硬要去追求,那么,必然会屡遭挫折。凡事只要尽心尽力,即使不能尽善尽美,也没有必要过分苛责自己。

6.不要过分地表现自己

表现自己不是一件坏事情,但要善于表现自己的优势,做到恰到好处。不看场合、不分对象、不讲方式地表现自己,便会增加遭受挫折的机会。

7. 保持从容乐观的心态

有人说,人生就像过独木桥,稍有闪失就会一败涂地。的确,面对一座窄窄的独木桥,我们总会心惊胆寒,生怕自己不小心坠入河中。然而越是害怕,我们就越是失败,就这样一而再再而三地落水,再没了前进的勇气。面对困难和失败,需要保持良好的心态,乐观地看待问题,理智地分析问题,从容地解决问题。人们常说"心态决定命运",一个良好的心理状态的确会为成功增加砝码,让"幸运"的天平偏向一个内心强大的人,也只有保持良好的心理状态才能从容应对困难,减少挫折感。

8. 树立坚强的意志

古语有云:"有志者,事竟成,破釜沉舟,百二秦关终属楚;苦心人,天不负,卧薪尝胆,三千越甲可吞吴。"亦有"世上无难事,只怕有心人。"一个坚强的人,面对挫折时不会轻易言弃,而是迎难而上,愈挫愈勇,像风中的竹子般屡仆屡起,百折不挠。只有树立坚强的意志,才能拥有一个强大的内心去克服挫折心理。

第三节　考前焦虑

一、中小学生考前焦虑的表现

因考试带来的过度心理压力,而产生严重的紧张、恐惧和焦虑的心理状态,这就是考试焦虑。考试焦虑最初的反应表现为一系列的生理反应,如肌肉紧张、心跳加快、血压增高、出汗、手脚发冷等,同时还表现为一系列的心理反应,如苦恼、无助、担忧等情绪,由此会产生自我否定或胆怯的心理。

二、中小学生考前焦虑的危害

保持适度的焦虑有利于提高学习效率,取得理想的成绩,但过强或过弱的焦虑都会影响学习效率。在考试过程中,本来会做的试题,由于紧张,也许会做错了。

心理学家耶克斯和多德森经过实验研究提出了耶克斯—多德森定律,即"倒 u 型曲线"(焦虑程度、学习考试效率),指出心理压力、工作难度以及作业成绩三者之间的关系:在一定压力限度内,随压力水平的提高,工作效率也随之提高,超过这个限度工作效率随之逐步降低,最佳工作效率的压力水平为中等。

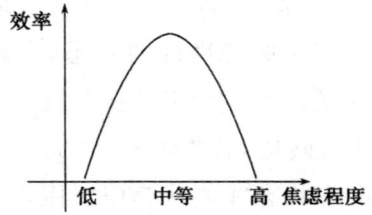

具体来讲,考试焦虑的危害表现在以下几个方面:

1.分散和阻断一个人注意的过程

心理学的研究表明,考试焦虑能够分散和阻断注意的过程,使我们不是把注意力集中到试题上,而是分散在各种各样的担心、忧虑或多余的动作上,影响考试的正常发挥。考试焦虑还会干扰回忆的过程,使大脑记忆库中的信息检索和提取发生混乱,从而造成错答、漏答,或不知如何应答的现象,严重影响考试成绩。此外,考试焦虑还可能影响我们正常的思维过程,使我们的思维活动陷于停滞状态,在焦虑状态下,我们的分析、综合、抽象、概括等具体思维能力无法正常发挥,从而导致考试失败。

2.考试焦虑对身体健康有不同程度的影响

如果考试焦虑持续时间较长,可能导致大脑神经活动的兴奋与抑制功能的失调,形成多种类型的神经症;考试焦虑使交感神经系统处于兴奋状态,有可能造成心血管功能的紊乱,出现心律不齐、高血压、冠心病等心血管疾病;考试焦虑还可以使胃肠蠕动减慢,胃液分泌减少,长此以往,会导致胃炎、胃溃疡等消化系统疾病;考试焦虑还可能诱发支气管哮喘等心因性呼吸系统疾病;此外,考试焦虑的紧张状态使甲状腺素分泌增加,可能会引发神经兴奋性增高、甲状腺肿大等内分泌系统疾病。由此可见,考试焦虑对我们的生理和心理都有很大的危害。

三、中小学生考前焦虑的成因

1.内部因素

(1)复习程度

据调查80%的学生的考试焦虑是由于复习准备不充分引起的,可见中小学生考前进行充分的复习是很有必要的。

(2)自我期望值

期望过高,就会产生实现不了的担忧和焦虑。根据自己的实际能力,设立适当的目标,不要好高骛远。

(3)性格因素

一般认为,外向的人,重视外在世界,爱社交,活泼、乐观、开朗、自信,勇于进取,对环境适应力强。内向的人,重视主观世界,好沉思,善内省,孤僻,缺乏自信,容易害羞,冷漠、寡言,对环境的适应性弱,对自己过分苛刻,易出现负面情绪。面对考试,很多人都会产生不同程度的焦虑。但是由于性格不同,内向的人相对于外向的人更不愿与人交流,焦虑情绪得不到及时缓解,便会产生不良的影响。

(4)身体健康因素

一方面,身体状态不佳,会带来考前焦虑,由于担心身体不适会影响到考试的发挥;另一方面,一些身体不健康或不健全的学生,拥有强烈的自尊心,想得到别人的尊重,在担心自己身体状况的同时,总想让自己在其他方面超过别人,比别人优秀。因而更加重视学习成绩,给自己增加压力,增强了考前焦虑。

(5)性别因素

一般而言,女生本身的焦虑特质比男生高,而且不良情绪的持续时间相对较长。这可能是男女生在遇到应激事件时,应对策略有差别,女生多采用情绪性应对,男生则多采用行为性应对。

2.外部因素

(1)社会因素

当今社会,激烈的社会竞争就是人才竞争。社会对人才学历的要求越来越高,这就给学生带来了巨大的升学压力,加重了学生对考试分数的期望值,造成考前焦虑。

(2)家庭因素

家长对孩子的要求与管教过严,期望水平过高,或强迫式的学习,都会让孩子对学习产生反感,从而产生压力,形成考前焦虑。

(3)学校因素

虽然国家进行了教育体制改革,提倡素质教育,但由于传统教育观念的束缚,现行的教育制度仍然无法冲破教育的枷锁。"考考考,教师的法宝;分分分,学生的命根。"这一现象仍普遍存在。

四、考前焦虑的心理疏导

1. 调整认知,提高自信

(1)重新认识考试的意义

考试只是手段而不是目的,每次考试只不过是整个学习生涯中一个阶段性的小检测。不要把考试看得多可怕,以为考不好就什么都完了,也不能对考试十分厌烦,毕竟考试是督促我们学习的重要手段。考试不能决定什么,但能反映出问题,我们可以从中发现自己存在的问题以便下一次改进。单元测试、月考、期中考试、期末考试等都是阶段性测验,它能够让我们对自己前一个学习阶段做出总结,是我们某一阶段学习效果的反馈。通过考试,我们了解自己前一阶段的学习情况,查漏补缺。正确对待平时的考试,逐步提高自己的综合实力,这样才能在重要考试中发挥出自己的水平。

(2)提高自信,积极主动地对待考试

要认识到考试分数是对自己所学知识掌握是否牢固和全面、是否能灵活运用知识的能力强弱的一种检验方式,是自己学习的过程所产生的结果。因此,需要根据自己的实际情况,积极主动地复习,争取通过自己的努力考出自己的真实水平。相反,如果还没考,就开始忧心忡忡,总怕自己考不好,消极被动,甚至对考试产生抵触情绪,若以这种心态准备考试,往往会事倍功半;以这种情绪参加考试,是注定会失败的。

2.积极应对来自家庭、学校、社会的压力

你应当成为最好的你。对于父母、老师的期望你完全可以心安理得地接受,把来自社会各方面的压力置之度外,专心投入学习,积蓄力量,以最轻松的姿态迎接考试,这样今后才有机会加倍回报父母和老师。

3.设定适当的期望值,确立适当的目标

正确地进行自我评价和自我分析,准确了解自己,建立合理的奋斗目标。这是解除心理忧虑的第一步。目标不宜定得过高,否则会增加挫败的可能性,也不能过低,否则会使人懈怠。要给自己设定适当的期望值,保持适度的压力应对考试。

4.做好考前准备,复习过程中有效克服学习疲劳

(1)有意克制不良心理活动,使之向良好心理活动转化。有些同学的心理状态是波浪式的,时好时坏,自己也深为苦恼。这是不良心理与良好心理进行冲突和斗争的结果,有时良性心理占据主导地位,有时反之。当恐惧、烦躁等不良心理出现时,考生就应该克制,或通过转移注意力的方式将其转化。

(2)复习阶段迅速缓解大脑疲劳的方法。采用交叉学习法,适当转移注意力,听音乐或做适量的体育运动。比如做几节操,玩几下单双杠,跑跑跳跳,或双目远眺,做深呼吸等。复习功课的过程中,也要一小时左右活动一次。因为一个人连续工作或学习1.5小时左右,大脑就会疲劳,稍做锻炼使脑部得到休息,消除疲劳,才能保持高的学习效率。只要平和心态,坚定目标,一定可以突破大脑皮层的"高原反应"。

(3)增加愉快的情绪体验,在学习生活中寻找乐趣。学习上肯定存在某些失败、失意。在考试复习中,更是充满酸甜苦辣。考生不要把心思全都放在分数上,应尽量增加生活乐趣,让自己有更多愉快的情绪体

验。只要认真发现,即使在"沉闷"的课堂上也有很多新鲜事,"枯燥"的复习中也有许多乐趣。放松紧绷的神经,体验生活学习的精彩。

(4)宣泄不良情绪。复习考试时的种种烦闷、苦恼、痛苦情绪,考生可以把它们表现出来。第一,请老师、家长和朋友帮助。说出来是很好的缓解不良情绪的方法。考生大可不必为倾诉不良心理状态而不好意思。请他们帮助、疏导,可以使大脑变得清醒,心灵也可以得到慰藉。第二,自我宣泄。如放声大哭、剧烈体育运动等,都已证明是调节不良心理的好办法。

(5)给过去的失败正确归因。对于失败害怕担心是不必要的,要想避免失败,重要的方法是对过去的失败正确归因。能客观、正确地认识过去的失败,丢掉模糊不清的担忧,摆脱失败阴影,把自己的心理活动与客观实际联系起来,总结经验教训,以正确的心态对待下一次考试。

(6)以心理状态积极、乐观的人为榜样。"榜样的力量是无穷的",这句话有一定的道理。在心中暗暗地向自己的榜样学习,把他变成激励者、组织者、行为的评定者,也可以与他多多谈话,体会其积极乐观的良好心理状态。

5.考试前、考试中紧张情绪的自我疏导

(1)树立必胜的信心,进行积极的自我暗示。像高考这样的重要考试,常常会让学生产生很大的思想压力,甚至心烦意乱、寝食难安。此时,树立必胜的信心就变得非常重要。不断对自己进行心理暗示,相信自己一定能考好。进考场时,千万不要想考不好怎么办,不要草木皆兵,自灭志气。相反要给自己积极的心理暗示,认为"我一定能行!"给自己打气加油。只要平时学得扎实,完全可以"任凭风浪起,稳坐钓鱼台"。相信多一分耕耘,多一分收获。在考试前可以通过和同学说笑来冲淡紧张的情绪,也可以静下心来看看窗外的风景,或是深呼吸来放松自己。

为了获得充分的自信,在临考前就要给自己制定一个切实可行的复习计划,然后对考试内容进行全面、系统的复习。因为对考试的信心是建立在对考试内容充分准备的基础上的。否则,仓促上阵、忙于应付不但注定得不到好成绩,而且还会使自己在临考时乱了阵脚、急躁、焦虑,使本来已经掌握的知识也无法正常发挥出来。

(2)考试期间保持规律的生活节奏。合理安排自己的生活,注意合理的饮食和充足的营养,还要保证充足的睡眠。除此之外,每天还应该适当参加一些文体活动,做到劳逸结合,保证精力充沛地应考。考前睡眠应保证7~8小时。方法是"先睡心,后睡眼"。在考试中遇到难题时,只要想"自己尽力了就可以了",或是"这道题我不会,别人也未必会",多想想自己的优势,或是再给自己打打气"我肯定能发挥好,功夫不负有心人"。这样调整好在考试过程中的心态,最大限度地发挥自己的真实水平。

6.掌握科学的复习方法

(1)制订复习计划,严格按照计划行事。大家如果没有制订计划的习惯,常常是眉毛胡子一把抓,抓住哪个算哪个。这不仅浪费时间,也容易使自己感到疲惫,如果有了较为详细的计划,情况有可能会完全改观。

(2)放优打弱,重点突破。人对于自己喜欢的东西总是存在一些偏爱,喜欢花更多的时间去研究、去学习,而对于自己不喜欢的东西则不愿意花时间去研究。表现在学习上,就是在优势学科上分配的时间往往会多一些,而花在弱势学科的时间则很少。这对于考试是明显不利的!因为,弱势学科的分数要想提高比较容易,而优势学科的分数要想提高就相对要难一些。所以,聪明的复习者应集中精力去突破自己的弱势学科,整体提高。同时,在复习时,对于考试中经常出错的问题,要多练习,多看别人或参考书上的解题过程,多注意从中总结出基本的解题思路。

(3)试卷浏览法。所谓试卷浏览法主要是将以往做过的试卷集中放在一起进行复习,比较了解相关题目的基本解法和变化,从而发现解题规律。另外,在复习阶段切忌一味钻在题海里,或者重复做大量的相似题目。在做一些试卷的时候,要养成先形成基本的解题思路,然后再下笔的习惯,切忌看到题目就做,有时甚至可以在形成基本思路后不动笔,看后面的解题思路,是否和自己相同。在经过一段时间的学习后,再精选一份试卷,按照正常考试的要求来检测一下自己的学习情况。

附:放松练习

1. 失败意味着什么。其实同学们不愿意面对考试,主要是担心自己会失败,失败到底意味着什么?

失败意味着什么(要求学生大声朗读)

失败并不意味着我们是失败者,它只意味着我们尚未取得成功。

失败并不意味着我们一无所获,它只意味着我们得到了教训。

失败并不意味着我们愚昧,它只意味着我们的智慧还有待提高。

失败并不意味着我们声誉下降,它只意味着我们面临挑战。

失败并不意味着我们无能,它只意味着我们应该注意学习方式。

失败并不意味着我们愚蠢,它只意味着我们还不够完美。

失败并不意味着我们失去一切,它只意味着我们可以重新再来。

失败并不意味着我们应该退却,它只意味着我们要有更顽强的毅力。

失败并不意味着我们达不到目标,它只意味着我们将用更多的时间去实现目标。

2. 放松疗养法

呼吸放松法、冥想放松法、肌肉放松法、呼吸守点法。

(1)呼吸放松法。舒服地坐在座位上,双目微闭,排除杂念,意念集中,进行深呼吸。通过鼻孔慢慢将气吸入,使腹部鼓起来,吸足后再缓缓用嘴和鼻孔同时将气呼出。练习3~5次。

(2)冥想放松法。调整坐姿,尽量使四肢舒服一些,闭上眼睛,始终保持深慢而均匀的呼吸,要能体验随着想象有股暖流在体内运动。指导语(配有音乐):"我仰卧在水清沙白的海滩上,沙子细而柔软,阳光暖暖的照在身上,耳边传来海浪轻轻拍打海岸的声音,思绪随着节奏飘荡,涌上来又退下去,微风吹来,有一种说不出的舒适。阳光温暖,海风轻缓,只有蓝色的天空和大海笼罩着我,身体暖暖的。我的头很轻松……我的脖子很轻松……我的手臂很轻松……我的腿脚很轻松……整个人的心灵变得很平静"(伴随音乐几分钟后结束)。

(3)肌肉放松法。先找到一个放松的姿势,深呼吸,尽可能地全身放松。接着拉紧全身肌肉,然后立即解除紧张,交替进行三次。指导要领:先闭目深呼吸,全身放松,然后伸出双手,握紧双拳,紧张双臂;头部皱起前额,咬紧牙关,嘴角尽量向两边咧;拱起背部,紧张背部肌肉;屏住呼吸,紧张腹部肌肉;绷住双腿。这样全身的肌肉都处于紧张的状态,然后迅速放松。肌肉放松法比较有效也比较难,只有掌握动作要领,长期坚持才能体会到效果。

(4)呼吸守点法。双眼只看一个固定的目标,同时深而均匀地呼吸,使情绪稳定下来。

第三章　中小学生的人际关系心理问题及疏导

第一节　社交恐惧

青少年渴望友谊,希望广交朋友,但与别人实际交流的过程中可能会出现恐惧反应。他们对自己的神态举止和言谈过分敏感,害怕自己在别人面前出丑,但是,他们越是害怕和检点自己的言谈举止,就越是无法适度控制自己的行为,反而在别人面前感到异常紧张而口齿不清。而这些不自然的面部表情和行为又反过来加强了紧张意识,加重症状的表现。当问题严重到一定的程度时,他们会不敢见人,遇到陌生人便面红耳赤,神经处于一种非常紧张的状态,这就是社交恐惧。

一、中小学生社交恐惧的表现

1. 害怕与异性交往

有些学生在与异性接触时,会紧张出汗、面红耳赤、手足无措。尤其是初中生在身体、心理方面开始发生急剧的变化,自我意识正在从朦胧逐步走向清晰。他们渴望受人欢迎,被人接受,而且越来越渴望受到异性的欢迎。但是,有些学生却在与异性交往时过分害怕、紧张,甚至恐惧。

2. 害怕与陌生人对视

一些中小学生对自己的社交恐惧有这样的表述:"我不喜欢人多,害怕和陌生人对视,尤其是有许多人注意我时,我表现更糟糕。""我和别人视线相对时很紧张,尤其是许多人注视我的时候我更不自然,总感觉别人能看透我的内心,所以我不敢正视别人的眼睛,对陌生人和异性尤为强烈。为此我总希望任何人都不要看到我,别人越不注意我,我的情况越好,表情越自然。"

3. 害怕涉及个人情感的人际交往

有些学生在街上或公园里与陌生人接近时并不会有恐惧或焦虑的反应,但是在涉及个人情感的人际交往中,如同学聚会、和朋友一对一的交谈、在家里接待访客、到别人家做客,尤其在自己做主角的场合,如老师提问或主持活动等,就会感到不安,甚至头晕、恶心、发抖。这种状况如果越来越严重,最后会发展到在与熟悉人聚会时,也是能躲就躲,逃避与人接触,使自己失去了很多朋友。

社交恐惧往往会泛化,严重者除家人外,拒绝与任何人发生社交关系,把自己关在房间里孤立起来,形成社交恐惧症,这样对日常工作学习造成极大阻碍。

二、中小学生社交恐惧的成因

(一)个人因素

1. 自卑。个体由于生理或心理上的缺陷,自我评价太低,非常自卑,不敢或不想和别人交往。

2. 在社交中曾经有过强烈的挫折体验。

3. 适应不良。个体原本人际关系良好,但是在转换环境时,没能很好地适应新环境,造成社交恐惧。

4. 缺乏交往技巧。例如,缺乏修养,一开口就得罪同学;过度要求自己在同学中获得认同,提高自己在群体中的位置,遭到别人的排斥,受到打击,从而不敢和别人交往。

5. 缺少真实的情感体验。他们在现实中无法和任何人建立实质的感情关系,通常更满足于沉浸在主观臆想的关系之中。在和别人的交往中,他们更注意自己的感受,更注意别人对自己的评价,而对别人缺少真实的兴趣。或者,他们的兴趣是建立在自己的想象中的,当现实违背这种想象或者别人和他的关系进一步深入时,他们就会毫不犹豫地终止这种关系,这和他们不愿为别人负责也有关系。

(二)家庭因素

1. 家庭经济或社会地位特殊。如果家庭条件太优越或太差,个体把这种条件当成是个人品质的一部分,就有可能出现人际关系问题。家庭条件优越的孩子自以为自己是"优越"的,导致同伴的远离,造成心理上的阴影;家庭条件差的学生,则形成自信不足,甚至是仇视他人的心理,不愿或不敢和他人交往。

2. 家庭教养方式问题。有些学生的父母,总是用很高的目标来要求孩子,将自己未完成的梦想寄托到孩子身上,孩子达不到要求就经常斥责孩子,不会称赞孩子、激励孩子,使孩子从小就形成自卑心理,躲躲闪闪,畏畏缩缩,不敢表现自己;有些父母在日常工作生活中,对人对事的偏见和抱怨,对孩子形成潜移默化的影响,长此以往会使孩子对人际交往心存恐惧,过于患得患失;更有甚者,有的父母在生活中不如意,回到家里就拿孩子出气,致使孩子从小就生活在恐惧中。

3. 独生子女。现在的中小学生,多数是独生子女,他们从小缺乏和同龄人亲密交往的机会,不知道如何和他人和谐相处,独生子女是家里的关注焦点,可以随心所欲,甚至为所欲为。若独生子女在人际交往中仍以在家里的方式与他人交往,就很容易出现人际交往的问题。

4. 家庭不和或家庭破裂。父母关系不和睦,家里经常硝烟不断,容易造成子女自卑、逃避、退缩行为。家庭破裂会给子女造成很大的伤害,容易造成他们的社交恐惧心理。

(三)学校教育因素

一些教师只重智育而不重人文关怀,对学生一味地加强智力学习的任务,要求学生获得高分,忽略了学生的内心需求,忽略了对学生健康人格的塑造。另外,由于班级风气不良,班级集体对个别学生进行孤立、敌对,造成该学生在人际交往方面的退缩。

三、社交恐惧的心理疏导

(一)程度较轻的社交恐惧心理的疏导方法

针对那些虽然有社交恐惧的一些症状,但程度较轻且还能正常地学习和生活的同学,可以采用一些简单的方法帮助他们调整自己的心态,改变自己的社交困境。

1. 了解个体生理发展的状况

如果生理发展有异常现象,如口吃、体态异常等情况,应正确对待并及时加以矫治,以减少心理异常反应。学习青少年生理、心理发展的知识,接受自己生理、心理上的正常变化,消除内心的困扰。

2. 消除自卑,增强自信

正确分析认识自己,找出自己的优缺点,肯定优点,正视缺点。肯定自己的优点,增强自信心,时常给自己积极的心理暗示;正视自己的缺点,以平常心接受自己的各种缺陷,依靠进取心努力改掉阻碍自己与人正常交往的坏习惯,清除自卑心理。

3. 改善自己的性格

害怕社交的人一般比较内向,可以多参加体育、文艺等集体活动,尝试主动与同伴或陌生人交往,在交往的实际过程中,逐渐消除羞怯、恐惧感,使自己成为开朗、乐观、豁达的人。

4. 学习社交知识,掌握社交技巧

学习并运用有关社交的知识、技巧和艺术,逐步消除社交恐惧。

(二)程度较重的社交恐惧心理的疏导方法

社交恐惧比较严重的同学,可以在家长和教师的帮助和指导下采取一些有针对性的系统治疗方法。

1. 暴露疗法

反复接触使自己感到恐惧的情景或对象,直至恐惧与焦虑消失为止。在治疗开始时,当事人会产生强烈的恐惧情绪,但随着治疗的进行,恐惧会逐渐降低,直至消失。人都有自我保护的本能,倾向于趋利避害,所以人们一般会回避那些令其感到恐惧的情景,并以此减轻恐惧带来的焦虑。但这种做法在减轻恐惧与焦虑的同时又会使得人们的回避行为得到强化,即人们会尽量避免到相似的情境中去,如此反复,从而产生了更大的恐惧。其实,真正去接触这些情境,恐惧反而会逐步降低。

2. 系统脱敏法

一般做法是写下自己惧怕的一些场景,并把这些场景按惧怕的程度依次从弱到强排列。先从惧怕程度弱的场景开始,独自对着镜子练习在这种情况下的反应,没有不适感了,就到实际场景中表演,只要自己害怕的程度比原来弱了就鼓励自己,当遇到紧张、恐惧得厉害的时候就深呼吸进行自我放松,待到完全没有恐惧感时,再选择惧怕程度高的场景演练,最后达到消除社交恐惧的目的。

3. 合理情绪想象法

想象进入自己害怕的场景,体验自己在这种情景中的强烈恐惧感,最后停止想象,并说出自己的体会,学到了哪些观念和改变了哪些观念。

另外,运用交往分析法反省自己的生活态度。如果社交恐惧症已经发展到拒绝跟任何人发生社交关系,害怕在众人前露面,每天把自己关在房间里不肯走出房门一步的程度,就必须请心理医生诊治,进行更系统的心理治疗。

第二节 人际孤独

美国心理学家卡耐基说:"成功源于30%的才能和70%的人际关系协调能力。"联合国教科文组织也提出了四种最基本学习能力的培养,即学会学习、学会做事、学会合作、学会生存,并认为学会合作是教育最重要的基础。由此看来,成功的基础在于学会合作,学会合作的前提在于个体主动积极地和他人交往。但是,常常有大部分中小学生却表现出人际孤独的心理问题,把自己封闭起来,徘徊在大集体之外,从而造成了许多心理问题和行为问题,严重的甚至采取离家出走、自杀等极端行为。因此,在人际孤独问题初露端倪,还未酿成惨祸之前,家长、教师就应该及时地给予重视,予以解决。

一、中小学生人际孤独的类型及表现

1. 被动孤独

心理学家认为,人是一种群居动物,他喜欢和其他人接触,喜欢和其他人在一起,有一种合群的倾向。但是,几乎每个班都会有那么几个同学,虽然渴望和同学交往,希望能够融入集体,和大家打成一片,但是,周围的同学不接纳他,排斥他,他们感到无依无靠,孤单烦闷。"我在学校一个朋友也没有,我在学校落魄、情绪不好或受到委屈时,不能够像别人那样,可以向好朋友倾诉,只能把话闷在心里,或对日记倾诉……我最怕这种孤独。"他们是被孤立的一族,我们把这类人际孤独称为被动孤独。

2. 主动离群

在班级里,还常常会有一种少言寡语、性情孤僻、游离于集体之外的学生。在学校里,凡是集体游戏、集体活动,他们都没有兴趣,情愿独自玩耍;班级里轮流值日,他们总是借故请假,对集体的工作不热心;在学校的各类评比检查中,班级获得了荣誉,同学们兴奋不已,他们却显得很冷漠;在集体中,他们也总是独来独往,和同学难得讲上一句话。这群人中,有部分学生主张孤独和快乐都是自己的,但是内心却又非常痛苦。

3. 孤独症或自闭症

人际孤独比较严重时,我们称之为孤独症,也叫自闭症。

有孤独症的学生表现为以下几个方面的障碍:

(1)极端孤独,对周围的人和事不感兴趣。

(2)言语交往能力弱,他们大多数时候保持完全缄默,不跟周围的人交谈。

(3)固执地坚持同一格式。患者对物体的排列、室内家具的位置、日常惯例和行动固守"同一性",反对变动。当环境改变或他们接触陌生环境时,会出现强烈的焦虑反应。因此,他们总是重复一种固定模式的生活。

(4)对某些物件,如一个杯子或一个布娃娃,表现出特殊的依恋,不能分离,如果将东西拿走,就会表现出极度的焦虑,甚至出现大吵大闹,但对人却完全没有兴趣。

二、人际孤独的成因

1. 个人因素

在青少年时期,孤独感是一个独特的心理特征。随着生理和心理的成熟,青少年与人交往、了解别人的内心世界并被其他同龄人接受的需要非常强烈,如果这种需要得不到满足,便会感到空虚,产生孤独感。同时,青少年还面临同一性的问题,他们一方面觉得自己心里有许多不愿轻易告人的秘密,有一种闭锁心理;另一方面又渴望别人能真正了解自己,能心灵相通,在找不到这种"知音"的情况下,便会陷入强烈的孤独感中,觉得自己与世界存在着隔膜,慢慢地变得越来越孤僻,不愿意向别人敞开心扉。个体心理上有缺陷也是造成人际孤独的原因,他们自我评价太低,极度自卑,不敢与他人交往。有些个体则是缺乏人际交往的技巧,如出口伤人或过度要求在同学交往中提高自己的群体地位,造成人际关系恶劣,被群体孤立。另外,重度孤独症患者往往从幼儿时期就已经有明显的症状,孤独症患者的脑电图异常率比一般儿童往往要高,有其器质性因素。

2. 家庭因素

有些人际孤独的学生的父母都是优秀的人,同时又具有强迫性的个性特征,总是用某一种模式对待孩子、要求孩子,不能理解孩子的感受和要求,以致孩子缺乏温暖,越来越孤僻、冷漠;有些则是父母具有不可撼动的权威性,包办了孩子的大小事情,压制了孩子的主动性,使孩子感到自己没用,极度自卑、自闭,不愿意也不敢和别人交往,尤其是在成长的过程中遇到重大的挫折时,他们会更加自闭;有些家长平时忙于工作,对孩子极少关注,孩子从小缺乏关怀,容易形成人际孤独;有些家庭不和或家庭破碎,父母关系不和睦,家里经常硝烟不断,容易造成子女强烈的孤独感,产生自卑、逃避、退缩行为,不愿和他人交往。

3.学校因素

学校忽略学生心理健康教育,中小学生对应该具备的心理知识知之甚少。有些教师高度重视智育培养,而忽视了人文关怀,忽略学生的内心需求。此外,学校和班级存在的不良风气也会使学生人际孤独的症状加重,使他们更不愿与人交往。

三、中小学生人际孤独的心理疏导

(一)心理疏导的形式

1. 开展亲子心理辅导

组织亲子共享体验活动,让父母和子女一起参加辅导活动,一同感受、体验、成长,如共同读书、一起参加团体游戏,从而转变家长原本不好的教养方式,协调亲子关系。没有这样条件的学校,可以通过家访等惯用的方式,让家长认识到孩子的问题,改变教育方式,加强家长和孩子之间的沟通,增加亲子间的了解。

2. 开展团体心理辅导

可以有针对性地在班集体中开展团体心理游戏,培养班级团队精神,提高班级凝聚力,营造轻松活泼、团结和谐的班集体,使人际孤独个体在享受乐趣中逐渐融入集体,也可在活动中观察人际孤独个体在活动中的反应,及时给予帮助。平时鼓励他们多多参加集体活动,多与同学交往,并为他们创造在公开场合发言的机会。有些同学只有在小组里才敢发言,就多让他们参加小组活动。请班级同学合作,运用称赞和认真倾听来鼓励他们在集体活动中发挥长处,从容自如地表现自己,克服孤僻的心态与行为。

3. 个体心理辅导

辅导人员可以引导学生放松,进入想象,引导他描述意象,以高超的技巧来诱导学生产生建设性的新意象,例如"把房间扩大"、"把墙刷白,把家打扫干净"、"把窗户改大并打开"、"开个天窗"、"阳光洒满屋子,空气很新鲜"、"躺在床上就可以看到广阔无边的大海"、"把烂树叶扔了,拿铁锹把地铲平"、"把坑填上"、"把路上的黑煤灰扫了,铺上整齐的瓷砖"、"把没有用的旧东西全部扔了,把家布置得温馨舒适"。当事人越能调动自己的资源来产生新意象,疗效也就越明显和稳固,反之亦然。

(二)心理疏导的方法

人人都可能有孤独的时候,但并非人人都能战胜自己的孤独感。孤独,并不是说独自生活,也不意味着就是独来独往。一个人独处,可能并不感到孤独;而置身于集体之中,未必就没有孤独感产生。

1. 战胜自卑

因为自己觉得跟别人不一样,所以不敢与别人交往,这是自卑心理造成的一种孤独状态。这如同作茧自缚,要冲出这层包围着自己的黑暗,必须首先咬破自卑心理组成的茧。

2. 与人交流

当感觉自己孤独的时候,打开自己的通讯录,可以试着给某位同学或朋友写封信,或者打个电话,甚至可以邀请他们去看一场电影,去跳一次舞,抑或逛逛街。跟同学或朋友的联系,不应该只是在自己感到孤独的时候,我们应该意识到,别人也和自己一样,人人都需要友谊的温暖。

3. 帮助他人

跟众人相处时感到的孤独有时候会超过一个人独处时的十倍,因为自己跟周围的人格格不入,无法融入集体的氛围,无法跟周围的人进行必要的交流,更无法进入别人的内心,于是不由自主地觉得自己很孤单。若想打破这种尴尬的局面,你不妨想想能为大家做点什么,这很有好处,请记住:温暖别人的火,也会温暖着自己。

4. 亲近大自然

一些习惯孤独的人,不懂得享受自然,不懂得走入社会。当你孤独的时候,你不妨走出去,哪怕让风吹着,心情也会渐渐地开朗起来。也不妨走入闹市,置身于不息的人流中,什么都可以不想,忘掉自己的寂寞。

5.确立人生目标

人害怕自己跟他人不一样,害怕被别人排斥,害怕在不幸的时候孤立无援,害怕自己的思想得不到旁人的理解。这是由于孤独而产生的内心恐慌,要想从根本上克服内心的脆弱和恐慌,最好的方法莫过于给自己确立一个明确的目标,并培养一些爱好。一个懂得自己活着是为了什么的人,是不会感到寂寞的;同样,一个有所爱、有所追求的人,会在生活中自得其乐。

第三节　人际冲突

2004年2月,云南大学发生了震惊全国的命案,生化学院生物技术专业2000级学生马加爵残暴地杀害了与自己平日关系不错的四位同学。而起因是,打牌时被疑作弊,接着发生了争吵,马加爵心中非常生气,加上平日的小摩擦,结果他逐一将四人杀害。案发后,有人将其杀人动机归为贫穷,甚至包括马加爵本人也是这样认为。但是,中国人民公安大学犯罪心理学教授李玫瑾奔赴云南,对此案进行全面调查后认为,真正决定马加爵犯罪的心理问题是他强烈、压抑的情绪特点,是他扭曲的人生观,还有"自我中心"的性格缺陷。当李教授问他逃亡一生和杀害四个人,选择哪个更值得时,他回答:"我以前没有想过,逃亡的时候想过,觉得自己傻,可以选择吵架就算了,没有必要杀人。"由此可以看出,引发这个悲惨事件的原因就是在人际冲突中,采取了不恰当的行为方式。这个事件本身足以让我们反思,教育和引导学生恰当地解决人际冲突以及怎样才能防止这类恶劣事件的发生至关重要。

一、人际冲突的表现

冲突指的是因矛盾而引发的相互排斥、抵触、争执、对抗和争斗现象。生活中的冲突可以说是无处不在,只要有人类存在的地方,就会存在冲突。人际冲突是与人际吸引相反的概念,是指人与人之间互不接纳、互不相容的现象,包括背离、排斥、侵犯等方面,表现为不满、拒绝、对抗、破坏、暴力、报复等形式。

人际冲突可以分为个人与个人之间的冲突、个人与群体之间的冲突及群体之间的冲突。针对中小学生而言,主要的个人冲突有与同学、朋友间的冲突、与老师之间的冲突及与父母之间的冲突。

中小学生的心理正处于发展时期,情绪性格还不稳定,缺乏人际交往与人际沟通的技巧,社会经验也不丰富,人际冲突现象时有发生。在人际冲突发生后,明显的表现形式有吵架、骂人、打架斗殴,也有暗暗的隐性斗争。当群体间存在冲突时,则可能出现群体之间闹情绪,言语上的互相攻击,严重的也可能会出现群殴现象。

二、中小学生人际冲突的成因

人际冲突是由于利益关系、观点对立、个性差异等引发的人际交往对象之间的关系紧张和关系对抗。中小学生人际冲突主要有以下原因:

1. 缺乏沟通

由于冲突双方沟通渠道不畅,信息交流不够或信息被曲解造成双方的误会而引起的人际冲突。无效率的沟通或者沟通不够,会使得学生在了解信息不够的情况下,就得出对人对事的歪曲判断,从而引发冲突。或者由于沟通少,由淡漠至误解,也会引发冲突。

2. 社会文化及价值观的差异

中小学生各自的成长经历、家庭教养方式都不相同,学生们不可避免地存在一些生活习惯、行为方式和价值观念方面的差异,这些差异的存在也会引发冲突。

3. 人际交往知识及技巧的缺乏

中小学生还处于知识和人生经验的积累阶段,各个方面发展还不够成熟,在面对人际冲突时,所采用的解决方式有时非但不能缓解冲突,反而会激化冲突。

4. 个性特征的差异

人格是人在各种心理过程中经常地、稳定地表现出来的心理特点,包括气质、性格等。这种差异也会引发人际交往中的各种冲突和矛盾。此外,由于先天和后天因素的影响,有些人还会形成不健全的人格,如偏执、攻击、强迫、自恋、依赖、反社会等,这些不健全的人格可直接导致人际冲突。

5. 利益冲突

冲突双方有时会在实质利益或资源的争取上产生冲突。在学校里,三好学生的名额、保送大学的名额、班级学生干部评选等,也会成为引发冲突的导火索。

三、中小学生人际冲突的心理疏导

中小学生由于缺乏对交往原则和技巧的了解,才会引发一些冲突和矛盾,因此需要对他们加强这方面的教育,从而减少或避免中小学生人际冲突的出现。

(一)人际交往的原则

世上不可能找到两片相同的树叶,同样,也不可能有两个完全相同的人,人与人的差异是普遍存在的,所以冲突也是不可避免的。有了冲突后,如何积极寻找解决的方法,及时化解冲突,才是至关重要的。为避免冲突的产生,在人际交往中应遵守以下原则:

1. 平等原则

在与别人交往中要自尊自爱、不卑不亢,不能因为自己学习好,或者家庭经济状况好,或是父母有权势而歧视其他同学。同样,也不能因为自己的情况比不上其他同学而自卑,在交往中处处退避、处处忍让。平等本身就是尊重他人的同时也是对自己的尊重。

2. 宽容原则

"金无足赤,人无完人",每个人都不是完美的,要学会接纳自我和包容别人。包容本身并非懦弱,而是一种豁达。雨果说过:"世界上最宽阔的东西是海洋,比海洋更宽阔的是天空,比天空更宽阔的是人的胸怀。"

3.理解原则

在面对冲突的时候,如果总认为只有自己的观念是合理的,别人的都无可取之处,那么冲突就不可避免了。但是,如果能够进行换位思考,站在对方的角度想一想,则可能会理解对方为什么会有与自己不同的观点,进而双方互相理解、互相接受,冲突很容易就能够化解。

4.信用原则

信用原则是指在人际交往中,诚实守信,言行一致。"一言既出,驷马难追","言必信,行必果",都强调了信用的重要性。

(二)人际交往的技巧

1.加强语言沟通和非语言沟通

语言是我们意识内容的载体,是人际交往的工具,它可以传递信息,交流思想,沟通感情。非语言沟通指个体运用动作、表情、体态、语调等方式进行的交往活动。我们说话的语音、语调、响度、节奏、速度等在人际交往中都携带大量的信息。所以在交往中要讲究语言艺术,营造良好的人际交往氛围。尊重别人,不要使用侮辱、刻薄、强硬的语言,例如,"农村来的土老帽儿"、"你妈不就是个卖鸡蛋的吗"、"我是班长,你得听我的"等等。同时,我们要学会倾听的艺术。交往过程中,人们常常想别人能接受自己的观点,而较少考虑到接受他人的看法。有效的沟通包括双方意见的交换,并尽可能完整地交流信息。因此,要积极地倾听,及时地反馈,不轻易打断别人。

2.增加个人魅力

在人际交往之初,容貌和仪表起着重要的作用,良好的容貌和仪表易引起晕轮效应,让人认为漂亮的人同时也具有其他优点。第一印象也是特别重要的,第一次交往时,要注意自己的一言一行,一举一动,良好的第一印象会促进交往的继续和深入。理想的自我形象是:容貌仪表富有魅力,谈吐高雅,语言生动幽默,举止得体,知识丰富,能力突出,个性健全完善,同学们应朝着这个方向努力。良好的人格品质和品性是维持

和提高人际吸引力的重要方面,心理学家列出了一些人际吸引效应品质,如下表所示,供大家参考:

最值得喜欢的	优点与缺点参半的	最不值得喜欢的
真诚	固执	作风不好
诚实	循规蹈矩	不友好
理解	大胆	敌意
忠诚	谨慎	多嘴多舌
真实	理想化	自私
信得过	容易激动	眼光短浅
理智	文静	粗鲁
可靠	好冲动	自高自大
有理想	好斗	贪婪
体贴	腼腆	不真诚
可信赖	猜不透	不友善
热情	好动感情	信不过
善良	害羞	恶毒
友好	天真	令人讨厌
快乐	闲不住	虚伪
不自私	空想家	嫉妒
幽默	追求物质享受	冷酷
负责任	反叛	邪恶
开朗	孤独	自以为是
信任别人	依赖性	说谎

3.适度的情绪宣泄

在冲突发生时,个人意愿和活动受到挫折,不可避免地会伴随强烈的不良情绪,这时也不要过分压抑自己的愤怒,但也不能通过打架来宣泄,而是要选择合适的方式。曾担任美国总统的托马斯·杰佛逊,在临终时给他的孙子蒙蒂西洛留下了日常生活十诫的遗言。其中之一就是:"当你气恼时,先数到10,然后再说话,假如怒火中烧,那就数到100。"可以采用做运动、听音乐、向朋友诉说等方式宣泄不良的情绪。

(三)人际冲突的疏导

人际冲突发生时要运用一下策略进行处理。

1.要冷静。无论感到多么愤怒,提醒自己一定要冷静。以自己的理智来控制愤怒的情绪,保证自己恢复正常的思维。

2.要慎重。分析事情的来龙去脉,辩证地看待冲突,分析自己错在哪里,对方错在哪里。

3.要沟通。和对方说清楚,共同协商寻求双方都能接受的解决方式。最后,成功化解冲突。

4.要宽容。宽容是一种美德。温暖的宽容很容易被人接受,又让人难忘。

第四章 中小学生的自我意识问题及疏导

自我意识是由自我认识、自我体验和自我监控等心理成分构成的，这三种成分互相联系，互相制约，统一于个体的自我意识之中。在个体心理发展中，自我意识的发展是个性形成和发展的重要条件。如果一个人的自我意识不能获得发展，那么个性的发展就难以实现。自我意识也是个性结构的重要组成部分，它对人的心理活动和行为方式都起着制约作用。现在我国中小学生自我意识存在一些问题，为了孩子们健康地成长，及时疏导非常必要。

第一节 害羞心理

白居易《琵琶行》中的名句"千呼万唤始出来，犹抱琵琶半遮面"，惟妙惟肖地形容了古代女子害羞、怕见生人的羞怯之态。在现代社会中，有些害羞的中小学生当众发言时会由于紧张引起口吃；更为严重的，有些学生与人交往时，一说话就脸红，手足无措。这就使得原本害羞的他们变得更加内向、退缩甚至自卑，使得本该飞扬的青春岁月由于羞怯蒙上了阴影。他们就如同一颗珍珠，紧紧地隐藏在自我的"壳"里，纵然璀璨，却难以闪耀出亮丽的光芒。那么，什么是害羞？害羞有哪些表现形式？害羞是怎么引起的？我们该如何帮助过于害羞的中小学生疏导害羞心理呢？

一、中小学生害羞心理的表现

在《汉语大词典》中，"害羞"的释义为：感到不好意思，难为情。心理学家认为，害羞是在与权威、异性相处以及团体人际情境下，由于对自己的过度关注和对他人评价的担忧而引发的不自在的情感和行为倾向。

害羞可以表现在行为、生理、认知、情感等四个方面(见下表)。

行为	心理	认知	情感
抑制、被动	心率增加	对自我、情境和他人的消极想法	尴尬和痛苦的自我意识
目光游离	口干	害怕消极的评价,害怕他人认为自己很蠢	羞愧
逃避社交场合	发抖或颤抖	担忧、沉思和完美主义	没有自尊
说话声音很低	出汗	自我责备的归因,特别是社交后	沮丧、伤心
较少肢体动作、表达、点头和微笑	感觉晕厥和眩晕、恶心或反胃	无意识的对自己(弱)和他人(强)的消极信念	孤独
语言不流畅	体验到自己或情境是不真实的或改变过的	消极自我概念的偏好:如我是社交不当的、不可爱的、没有吸引力的	抑郁
紧张行为,如摸自己的脸或头发	害怕失去控制、发疯、心脏病发作	所持的信念为:一个害羞的人必须猜测,而非交互定义社交情境	焦虑

  国外在20世纪40年代就开始了对害羞的研究。在20世纪70年代以前,人们对害羞的研究无一例外都集中在儿童身上,尤其是青少年。但1977年任巴度领导的斯坦福害羞研究计划的创立,使这一状况有了改

变,心理学家开始关注成人的害羞行为。现在,心理学对害羞的研究日益成熟。

人类的害羞最早从一岁到一岁半之间就开始了,表现为婴幼儿对陌生人或者新奇刺激的退缩反应,人类这种最早的害羞可以一直延续到成人。研究者发现,在小学生中,害羞的学生比例达到了42%;在中学生中,害羞的学生比例达到50%。而害羞的性别差异研究也是个有意思的话题。有研究表明,对于中小学生而言,女生比男生更为害羞。

害羞是人类的一种共同的情绪体验,几乎每个人在一生当中都会不同程度地体验到害羞,而且据某跨文化的研究表明,中小学生害羞者比率随年龄增长而增长。

二、中小学生害羞心理的不良影响

害羞是一个在日常生活和学术领域中都共同使用的词汇。适度的害羞是美好的,通常用来描绘女性的羞涩与娇羞,如徐志摩在《沙扬娜拉》中写道,"最是那一低头的温柔,像一朵水莲花不胜凉风的娇羞。"羞涩常与害羞、谦逊、谨慎等相联系,它代表了含蓄、婉约、温柔的女性特征,而且当人们对社交关系造成了某些形式的破坏或某些改变之后,害羞可以促成社交关系的恢复,对社交起到缓和作用。

美国心理学家沃伦·琼斯博士提出了害羞人士的八条优点:害羞的人比较聪明;害羞的人比较可靠;害羞的人是较好的搭档;害羞的人通常贤淑拘谨,比较令人喜欢;害羞的人通常受教育较多;害羞的人更能体谅别人;害羞的人通常可以成为知心朋友;害羞的人的婚姻能维持更长时间。无独有偶,华盛顿大学社会工作教授大卫·霍金斯也指出害羞存在着危险因素,但它也具有一种保护性品质。害羞的孩子也许比那些开朗的孩子的朋友少,但他们涉及暴力犯罪或团伙犯罪的几率更低。研究害羞的科学家指出,亚伯拉罕·林肯、莫罕达斯·甘地、纳尔逊·曼德拉等伟人的性格都非常矜持,如果他们的性格不是这样,也许不会取得如此令人瞩目的成就。

但是害羞并非都是正面的，国外有研究表明，过度的害羞会影响个人心理和生理健康，比如网络成瘾、吸烟、酗酒、吸毒等行为问题，导致自卑、焦虑、抑郁、社交恐惧，增加患心脑血管疾病、帕金森症、胃肠道疾病等健康问题，长此以往，还将引发一系列家庭和社会问题。

1. 容易引起自卑、焦虑、抑郁、社会恐惧等心理问题

由于过于关注自我，害怕公共场合，害羞的个体无法结交新朋友并与同伴分享有益的经验，不能自我肯定并表达自己的意见，致使他人无法认识自己真正的特质和才华，得不到同伴和教师的认可和赞扬，久而久之，容易引起自卑、焦虑、抑郁、社会恐惧等心理问题。

2. 容易引起学习兴趣丧失、学习成绩落后等学习问题

由于害羞的个体回避与老师和同学的正面接触，在课堂上不敢发问，小组讨论时不敢发言，课后作业遇到困难时不好意思询问同学，害怕老师的批评和同学的嘲笑，时间久了，容易抑制学习的积极性，失去学习兴趣，导致学习成绩落后。

3. 容易引起网络成瘾、吸烟、酗酒等行为问题

由于对自我的过度关注和对他人评价的敏感，害羞的中小学生往往在人际交往中存在困难，他们在群体活动中或与同伴分享心事、经验时显得小心谨慎，这使得他们不那么讨人喜欢而很少能交到知心的朋友。而互联网的兴起为这些在现实中受到挫折的学生提供了一条宣泄的途径，提供了一个"完美"的、不需要与人交往的虚拟世界，因此他们很容易沉溺于其中不能自拔。尤其是进入青春期的学生具有逆反、独立性增强等特点，那些害羞的个体缺乏与人交往的机会，因而兴趣缺乏，甚至会沾染不良习气，如吸烟、酗酒、吸毒等。

4. 容易引起心血管疾病、胃肠道问题、帕金森症等健康问题

有研究表明，长期不愿与人交往会导致人的心理压力不断积累，无处倾诉和释放，使那些害羞的个体长大后患心血管疾病的概率要比不害羞的个体高37%！此外，害羞的个体患胃肠道问题、帕金森症的比率也

要比其他人高。

三、引起中小学生害羞心理的主要因素

引起害羞的因素很多,其中最主要的因素包括人物和情境。专家对中小学生进行调查后,指出最容易引起害羞的人物和情境的顺序依次为:

1. 引起害羞的人物:陌生人,异性,专业权威人士,角色的权威人士,亲戚,老年人,朋友,儿童,父母。

2. 引起害羞的情境:

(1)在一个大群体中,我成为注意的焦点时;

(2)在大群体中,当我的地位比别人低的时候;

(3)一般的社交场合;

(4)一般的新情境;

(5)在需要表现自我肯定的情况下;

(6)正在被评价的场合;

(7)在一个小群体中,我成为注意的焦点;

(8)小团体中,当我处在弱势状态,需要他人协助时;

(9)一对一的异性交往;

(10)小组工作导向的群体;

(11)一对一同性之间的互动。

可见,陌生人、异性及权威人士是最容易引起个体害羞的人物;而成为注意的焦点、新奇的或是被他人评价的情境及当自己需要采取主动时等情境下,较易引起个体的害羞。

四、中小学生害羞心理的原因

1. 自我意识的发展

自我意识的发展是中小学生个性发展的核心,也是个体是否成长为害羞者的一个重要因素,它的发展是否完善直接或间接影响引起害羞的其他因素。心理学家埃里克森提出了人格发展八阶段理论,论述了不同

年龄段自我意识发展的主要任务。积极、稳定的自我形象的形成,对于中小学生成长与发展具有重要意义,如果不能形成稳定的自我形象,则有可能出现两种情况:一是对现实自我的夸大,形成自负、自大的特点;二是对现实自我的缩小,形成自卑、退缩的特点。这种不正确的认知使害羞者往往对自己没有正确的认识,倾向于过低评价自己,看不到自己身上的优点,纵然自己是颗璀璨的珍珠,也会被深深地隐匿在"壳"中。这也是害羞产生的深层次的心理原因。尤其是到了中学阶段,学生的自我意识发展不成熟,易受他人、情境的影响,并易形成片面、绝对化、概括化的自我认知。

2. 人格特质

很多人都有这样的感受,内向的人比较容易害羞。有研究者认为,害羞之谜也许就存在于这些难以捉摸的性格差异中。心理学家莫伦认为,害羞是先天的,害羞者先天就较容易激动,具有高度敏感的神经系统,使得他们倾向于逃避冲突和险恶的环境。还有研究者发现,大约20%的婴儿生来就具有"抑制性格"。这些孩子到了两个月大的时候,会对陌生人和高分贝的声音过分敏感,当看到陌生人的时候,他们会非常焦虑,心脏跳动加快,大声地哭。对新奇的信息,害羞的孩子在生理上的反应比其他孩子强烈,这也导致他们在情绪上易受影响。

3. 个体认知与归因

早期的社会心理学家大多数都认为害羞是个体归因及标签化的结果。害羞者将害羞归因于内在的自我因素,认为自己"能力不强,不漂亮,不够幽默,没有人缘,没人喜欢我,我是一个容易害羞的人",而如果害羞者偶尔表现出来的害羞被他人看见,他人也容易给个体贴上害羞的标签。害羞者将害羞归因于外在的情境因素,认为是外在的特定情境导致害羞。亨德森还发现害羞者的归因特点,他们将成功归结为任务容易和运气好等外部的原因,而将失败归结为如能力和技巧等内部原因。后来,还有专家进一步提出并验证了"自我表现模式"来解释害羞的原因,即个体在人际互动中想要给别人留下好印象,但却怀疑自己是否具有这种自我表现的能力。个体想要留下好印象的动机越强,对自己的能力也就越怀疑,感知到的害羞程度也就越强。

4. 文化因素

文化不同,对于害羞的理解和评价也不同。研究表明,亚洲国家的中小学生害羞的比率最高,美国居中,以色列的比率最低。这是因为在很多亚洲国家中,由于社会活动中的失败而屈从于权威,被认为是一种耻辱,这种文化特征易导致个体自卑,进而出现退缩、抑制等害羞行为;美国文化则强调竞争、成功以及个人应对自己的失败负责,这使该国学生害羞心理现象较为适中。在以色列,由于冒险而在表面上被责备一番,会被认为是一种鼓励,从而很少让学生感到羞怯。

5. 环境因素

环境因素包括家庭环境、学校环境和社会环境。对于中小学生而言,他们在家庭和学校中活动的时间更久,受到的影响也更大,所以我们把焦点集中于家庭环境和学校环境。在家庭环境和学校环境中,父母教养方式和师生关系对学生的成长和发展具有更为重要的作用,可以帮助我们更好地解读害羞的形成。社会系统的支持可使学生正面应对害羞心理,利于其克服畏惧心理,反之则使学生害羞心理加剧。

(1)父母教养方式

研究者认为,父母不同的教养方式对孩子害羞的形成有影响。教养方式有三种:放任型、专断型和权威型。

放任型父母几乎不对孩子做出要求,有时会忽视孩子,给孩子一种不被重视的感觉,无法建立孩子的安全感。

专断型父母对孩子会提出许多的规则和命令,但是会忽略对孩子的情感关怀。这两种教养方式对孩子的健康成长都不利,孩子容易出现更多的顺从行为或者问题行为。

权威型父母对孩子有合理的要求,能够倾听、接纳孩子的要求。研究者任巴度在探讨害羞与父母教养态度的关系时发现,权威型的教养方式最能建立孩子的安全感和自信,是使孩子克服害羞的最有效的教养方式。

(2)师生关系

教师在学生的成长与发展中发挥着重要作用。古语有云,"师者,所以传道授业解惑也","一日为师,终身为父",可见,尊师重教是我国的优良传统。古语亦云,"弟子不必不如师,师不必贤于弟子","不耻下问",可见,教师与学生保持良好的关系也是古已有之。现代心理学家通过一系列的研究发现,和谐、民主的师生关系有利于学生学习进步和个性健康发展。教师的期望、尊重、理解、信任和鼓励,可以激发学生的学习兴趣、动力和热情,培养学生的自信、自尊、自爱,使学生养成积极、乐观、开朗、进取等良好的个性品质,为学生的终生发展奠定良好的基础。但是,如果教师不注意教育方式,采取专制、苛责、嘲讽、冷漠等教育方式,损伤了学生的自尊心和自信心,则容易让学生丧失价值感,形成自卑、退缩、羞怯等行为特征。教师无意之中的一句话、一个动作、一个表情都可能导致学生日后发展成为一个害羞的人。

害羞的产生是生理、心理、文化、环境多个因素共同作用的结果,没有任何一种因素可以单独起作用形成害羞。作为教育工作者应该注意教育的艺术,避免不当的教育方式对中小学生的影响,导致学生害羞的产生。

五、中小学生害羞心理的疏导

也许在很多教师看来,害羞并不是什么大问题,它远没有学习落后、吸烟、酗酒等行为严重。但是通过前面的学习,我们知道,如果学生的害羞不能得到适时的疏导,必然会引发学习落后、吸烟、酗酒等问题,严重的还会引发心血管疾病、胃肠道问题、帕金森症等疾病,这是有必然性的,因此害羞这个问题不容小觑。而且,最重要的是,由于害羞,学生本身具有的一些潜能可能被禁锢,难以发展,这很可能成为一个遗憾。那么,我们怎么帮助学生解决害羞问题呢?

(一)创设宽松环境

1. 创设民主、和谐的师生关系和班级环境

教师应注意创设轻松愉快的课堂气氛、积极民主的课堂舆论、良好的课堂竞争与合作,这不但有利于融洽学生之间的感情,而且还有利于消除害羞学生与其他学生之间的心理隔阂。这种方法对于刚刚进入学校或幼儿园的新生非常重要,对于幼儿园儿童或者小学低年级学生,刚来学校时,最好由父母亲自送到班级,消除害羞学生刚到一个新地方的焦虑感。此外,班主任要把新生介绍给全班学生,对新生的到来表示热情真诚的欢迎,并要求大家帮助新来的同学,为新生创造一个温暖的班级环境。具体建议如下:

(1)安排害羞的学生坐在教室的前面。这个方法将会让教师更加靠近他,并且同他说话更容易些。给予害羞的学生鼓励、信任与爱。教师越是能够给予害羞的学生无条件的信任与爱,他就越能够发挥出潜力。

(2)私底下与害羞的学生谈话。害羞的学生需要练习讲话,即使一周只有很少的几次谈话也可以改善他的交谈技巧。教师可以从害羞学生感兴趣的话题入手,帮助害羞的学生找到真正的朋友。

(3)可以安排害羞的学生与热情的、容易接触的同学成为同桌,一起进行小组活动等,让他们建立真挚的友谊。

2. 不要轻易给学生贴上"害羞"的标签

中小学生非常在意教师的言行和态度,教师要注意自己的言谈举止,如果有的学生表现出了害羞的言行,教师不要在公共场合表达"你不要那么害羞嘛!""这有什么好害羞的?"等说法,更不要轻易表现出不耐烦的态度。因为害羞的学生更容易受其他人看法的影响,他们会内化这些看法,变得更害羞。帮助害羞的学生需要一定的技巧,否则会弄巧成拙。

3.让学生有成功的体验

害羞的学生往往对他人的评价非常敏感、在意,害怕答错或者表现不好而惹来其他同学的嘲笑,因此他们宁可不回答问题从而规避风险,也不愿回答问题去获得教师的表扬。其实,很多在班级里看起来毫不起眼的、害羞的学生很"内秀",很聪明,教师对这样的学生要有爱心、耐心、信心,要多鼓励他们,给他们创造机会,给他们足够的舞台,让他们更多地体验成功的喜悦,以增强自信心。

4.给学生提供人际互动的机会

较害羞的学生,办事往往比较谨慎、心细,善于观察。老师应利用他们的可贵之处,委以职务,明确表示老师信任他们,要求他们协助老师做些力所能及的班级工作。比如,帮助教师检查作业的完成情况,帮助教师管理自习课的纪律,协助教师一起策划组织集体活动等。教师的信任和支持能增强学生的自信心,克服自卑感,从而有效地克服害羞心理。

(二)破除不合理信念

有研究表明,不合理的信念与害羞有关。比如,过度要求他人赞许、过高的自我期许、不当的挫折归因、过度焦虑、过高的公众自我意识等。这些不合理的信念可以归结为对自我形象的过度关注。在公共场合出现时,他们会产生过高的公众自我意识,希望自己表现得更好,如果表现不好,就会引发内疚、自责等不合理信念,从而会引起个体对人、对情境的过度焦虑。因此,教师应该了解个体的非理性信念所在,并针对其不合理的认知予以疏导、驳斥,帮助其建立正确、合理的信念。具体可以采取开主题班会、开讲座、邀请成功案例的学生现身说法等形式,更重要的是,教师要在平时教学中对学生进行潜移默化的熏陶。

(三)增进社交技巧

很多时候,尽管学生已经意识到并努力改善自己的不合理信念,但是他们在社交场合或者课堂上还是会表现出退缩、羞怯行为,这是由于缺乏一定的社交技巧和练习机会。如果增强学生的社交技巧训练,可以显著地改善这种情况。

1. 语言技巧训练

（1）适当的请求

很多时候，由于害羞的学生不擅长与同学相处，人们容易觉得他们很孤傲、不好接近。实际上，向别人提出适当的请求是一种拉近人际关系的有效手段，尤其是力所能及地帮助他人，既是大家所乐于做的，又可以满足助人者的价值感和被需要的感觉。教师要教育学生，在提出请求时把握好度，既不要提过分的要求，也不要强迫别人。比如，一个学生很喜欢另一个学生的本子，也希望得到一本，他可以说，"这本子真漂亮，如果不麻烦的话，下次你买的时候也帮我买一本好吗？"不要说，"这本子真漂亮，给我吧！"或者"这本子真漂亮，帮我买一本吧！"等强迫性的话。

（2）学会说"不"

有时候，害羞的学生往往不知道如何拒绝别人的要求。如果有人要求他们去做他们不想做的事情，他们可能会不好意思拒绝而答应下来，但是内心又很不情愿，同时还有可能会恨自己"不争气"，没有勇气当面拒绝他人，造成矛盾、纠结的心理。在这种情况下，要引导学生学会说"不"。例如，周末你的好朋友想约你一起出去玩，但是你刚好报了一个滑冰班，周末要上课，因此，你可以委婉地拒绝说，"我很想和你一起出去玩，但是实在抱歉，我还得去上课，要不我们下次再约时间吧！"

（3）赞美别人

赞美别人是迅速拉近人际距离的一个有效手段，是良好人际互动的开始，尤其是诚挚的赞美更是社交中一件战无不胜的武器。但是，很多害羞的学生往往不知道这一点，他们会觉得赞美、表扬别人是一件难为情的事情，这与他们倾向压抑自己的情绪情感、不希望别人知道他们内心的想法有很大关系。还有些学生不知道如何去赞美别人，教师可以引导学生从日常学习、生活中的一些事情入手去赞美他人，形成良好的同伴与师生关系。比如说，"潘可，听说你英语竞赛得了第一名，你真厉害!""许亮,昨天我看到你打篮球了,你的扣篮真帅!"

(4)寻找共同的话题

寻找共同的话题也是建立人际联系、打破僵局的一个有效手段。很多害羞的学生往往比较被动,倾向于等待对方先开口。其实,越早开口越主动,越晚开口越被动。中小学生要学会把握开口的时机和技巧。共同话题并不难找,根据研究者调研,以下话题是最容易、最成功的话题引子。

天气:"今天看来又快下雨了。我更喜欢晴天,你呢?"

学习和功课:"你们什么时候去上计算机课?"

新闻:"北朝鲜要发射卫星,美国和日本为什么干预?"

最新的电视剧、电影:"你看过《阿凡达》没?我特别喜欢里面的阿凡达。"

共同认识的朋友、老师:"知道咱们学校那个最高的王老师吗?昨天他上台领奖了。"

兴趣爱好:"你喜欢什么颜色的风衣?"

2.非语言技巧训练

(1)学会积极倾听

积极倾听是一种非常有效的非语言人际交往技巧,它表达了对别人的一种尊重和重视。害羞的学生由于在人际交往时的紧张心理,常会伴随一些搓手、身体摇摆等不自然的动作和体态,这经常会引起讲述者的误会,以为对方对此不感兴趣。

(2)保持眼神接触

在人际交往时,眼神接触往往表示对话题感兴趣,也是礼貌待人的一种表现,同时交往双方也可以通过眼神沟通一些信息。但是,害羞者在人际交往时往往倾向回避眼神接触,从而给人造成冷漠、不感兴趣的错觉。

(3)保持微笑

微笑是人际交往最好的通行证,也是缓解害羞心理的"减阀器"。微笑会使自己产生信心和力量,使自己心情舒畅、精神振奋。同时,微笑也会感染在场的其他人,让人感觉亲切、和善,容易让人产生好感。

(4)学会自我袒露

自我袒露既是让他人了解自己的一种方式,也是增进友谊的一种方法。自我袒露是指将个人的有关问题告诉对方,根据袒露程度的由浅到深,可以分为袒露个人的兴趣爱好、对他人和事件的看法、个人的优缺点和某些隐私。

(四)善用有效的心理训练

心理训练通常有一定的步骤和程序,操作性、针对性强。只要遵循其步骤,通常可以获得较好的效果。我们可以采取肌肉松弛训练、系统脱敏训练和角色扮演法来改善害羞。

1.肌肉松弛训练

肌肉松弛训练也可以称作放松训练,主要是通过放松全身肌肉来缓解焦虑、紧张、抑郁等不良情绪。用这种方法改善害羞的意义就在于让害羞者体验并记住放松的感觉,当他再次面临害羞情境时,提醒自己"放松"。对学生进行放松训练时,一般要找一个安静的环境,坐着或者躺着都可以。方法是先把某一部分的肌肉紧绷起来,然后再放松。放松肌肉的顺序是从手部到脚部,有研究者提出了较为详细的放松程序:呼吸练习,即指循环做深吸气、深呼气运动;双手握拳;双手平伸;双臂弯曲;双臂上举;前额;眼睛;面颊、嘴唇与下巴;牙齿;肩部;背部;胃部;腿部;脚部,轻松行走;全身放松。紧张和放松的要求为:将要放松部位的肌肉紧绷四秒钟,逐渐放松。按照这种要求每个部分连续做两次。

2.系统脱敏训练

系统脱敏训练是指一种行为训练方法,让个体逐步接触引起他不良情绪的刺激物,并通过放松训练平复不良情绪,以逐渐改变原有的不良行为或者通过建立新的行为代替旧的行为。

引起学生害羞的因素主要有人物和情境。根据循序渐进的原则,教师可以让学生先接触引发害羞程度弱的人物和情境,然后逐渐过渡到引发害羞程度强的。

例如,与刺激人物的接触顺序与任务:①与同性同学聊聊感兴趣的话题;②主动和老师打招呼;③与异性同学讲几句话;④向陌生同学求助,比如请人帮你叫一下其他班的某个同学。

与刺激情境的接触顺序与任务:①参与课堂上的小组讨论,并发表自己的看法;②主动举手回答老师的问题;③主动向老师提问;④参与班干部竞选或者参与大型竞赛。

在这个过程中需要注意:①教师一旦发现学生在某种情形下有害羞反应,要注意引导学生放松,并重复这个情境,直到学生不再害羞;②对某些学生而言,可能引起他害羞的人物或情境的顺序也许不同,教师要注意调整;③对表现良好的学生要给予及时的鼓励和表扬;④系统脱敏法不会在短期内奏效,要注意坚持。

3.角色扮演法

角色扮演法是一种通过行为模仿另一个体产生认知上的冲突和改变,进而影响个体心理过程的方法。简单地说,就是让学生以一种类似游戏的方式,表演出自己的心理或行为问题,进而起到增进自我认识、消除心理问题、发展心理素质的作用。角色扮演法有空椅子表演、角色互换、改变自我和双重扮演四种。这里,我们以空椅子表演为例进行介绍。这种方法只需一个人表演,具体操作步骤为:教师指导学生假想对面的空椅子上坐着另外一个人,学生正在与这个人对话,学生自己先说话,然后坐到空椅子上代表对方说话,如此轮流,令其认识两种角色,体验两种情感。

害羞绝对是可以克服的。有一个八岁的男孩子不安地坐在教室里,脸上布满着惊惧的表情,呼吸犹如喘气,若老师叫他站起来背诵,他就会双腿颤抖,嘴唇哆嗦,回答含糊而不连贯,最后颓丧地坐下。谁也想不到,这个小男孩就是后来的罗斯福总统。罗斯福以他惊人的毅力和心理调控方法超越了他的身体缺陷和心理缺陷。可见,掌握科学的心理调控方法是完全有可能超越过分害羞这一心理障碍的。

第二节　自卑心理

有一些中小学生经常感到自己在班集体中没有地位,与同学们很不合群。有时候,其他同学在聊天,他们很想加入进去,可就是不知道怎么开口;有时一起讨论问题,他们也很想发表自己的意见,但内心有莫名的恐惧又不知道该从哪个地方谈起。这种现象往往是由于学生自卑而引起的,自卑使这些学生失去了勇气,失去了自信,也失去了许许多多的机会。

一、中小学生自卑心理的表现

自卑是自我意识偏离后所产生的一种情绪体验和在这种情绪支配下担心失去他人尊重的心理状态。通俗地说,自卑是一种自己看不起自己,总以为别人也看不起自己的心理状态。这是一种不正常的心理状态。中小学生中有自卑感的学生往往会对自己的能力、品质等作出偏低的或消极的自我评价,从而在学习中缺乏信心,注意力不集中,进而悲观失望。甚至对那些触手可及的任务,也往往会因自叹无能而轻易放弃,如此以往对任何事都抱以漠然的态度,更有甚者对生活失去热情。

自卑感作为一种消极的自我评价或自我意识,通常有以下几个特点:

1. 泛化性

一个有自卑感的学生,如果自己在一方面感到不如别人,就会在自己的其他方面也感到不如别人。认为自己总是在各方面不可能超过别人,从而导致自己整日感叹自己的无能,自甘落后,毫无生气,如果让这种自卑感无限盲目的扩大,会非常严重地影响学生的身心健康。

2.敏感性

自卑者在一个集体中总有些不如意,他总会怀疑别人看不起他,也常常会把别人的一些与他无关的言论和行为,看成与他相关的,无论他人说什么做什么都十分容易对号入座。这些学生整日担心,对周围的声音、事物都十分敏感,尤其是关注自己的短处,比如学生有生理方面的缺陷,便对周围学生的眼神、话语有严重的敏感度,对周围的学生也失去亲和力,逐渐使自卑情绪蔓延。从而会觉得自己很无能,内心的自卑情绪会由此而日益加重。

3.掩饰性

自卑者越是怕别人知道自己的不足,越担心暴露自己的缺点,越会想办法掩饰自己的不足。自卑的学生也会这样掩饰学习各方面的不足,如果他们学习成绩不好,平时的作业中有不会的问题,也不向别人请教,怕他们嘲笑自己。久而久之,养成了一些不良的习惯,胆小怕事,缺乏创新精神。

二、中小学生自卑心理的成因

1.多次失败与挫折的积累

由于客观原因,一些学生的学习成绩一直很差。主要原因是由于环境的影响和所学学科的难度大,另一部分原因是由于学生自己的抑郁性格,不愿吐露给别人,一直把事情郁积于自己的心里。没有弄清失败的真正原因,而将原因归之于自己的能力。长期发展下去,就会打击自己的积极性,在自己内心形成挥之不去的阴影,降低自信心。经过多次的失败与挫折,由于缺乏耐心和毅力,导致自卑感的形成。

2.他人长期过低的评价

一些学生由于成绩不好,其他学生很少与其交谈。有时候在家庭中也得不到温暖,能获得的只是叹气与批评,有些家长动辄就骂孩子"太笨"、"没出息"。在学校中,有些教师对成绩不好的学生也易忽视、轻视,甚至视之为"不可雕"的"朽木"。而这些教育恰好加重了他们的心理负担,使他们认为连自己的父母都如此看待自己,何况在其他同学面前,更觉得"不如人"了,更不用谈自尊了,从而会更加加深他们的自卑心理,甚至失去自信。

3. 生活、身体条件的欠缺

现实生活中,总会有一些学生会因为家庭经济条件不如意,或者是因为自己的生理缺陷,比如个矮、偏胖等,让他们觉得自己低人一等,甚至在其他同学面前抬不起头来。这无形中给他们的生活环境加上了一个网,在这张网中他们无法获得更多的自由,这给他们造成了极大的心理负担,构成他们自卑心理产生的诱发原因。

4. 怯懦软弱的性格

自卑的学生用消极悲观的眼光看待事物,对自身的体魄和外貌缺乏自信,光是看到不足与不利之处,遇事也总是退缩胆怯,不管与人交往还是学习功课,总是畏畏缩缩,能推就推,从不主动争取自己解决,懦弱导致学生自酿苦酒。

5. 过高的动机与期望

有的学生有过高的追求,有动机过强、期望值过高的缺点。同时,又很容易患得患失,当愿望无法实现时则往往陷入自卑,难以自拔。

这种长期被自卑情绪困扰的学生,不仅身心健康会受到影响,而且还给自己的行为设置了消极的心理障碍。从而会逐渐缺乏进取心,而这反过来加重自己的自卑心理,造成恶性循环。

三、中小学生自卑心理的疏导

1. 要正视自己

在日常生活中,莫让世俗偏见淹没了自己,正确地面对现实。现实生活中不可能事事一帆风顺,有挫折,有坎坷,而这正是锻炼自己的时候。而不应该在此时悲观失望,应采取积极向上的态度,以自己最大的能力去迎接所面对的一切事物。即使自己犯了错误,或出了差错,也不可大惊小怪,否定自己。要从失败中总结经验,寻找解决问题的办法。

2. 做出正确的评价

父母是孩子的第一任老师,父母对孩子的影响很深,对孩子的了解也清楚,尤其是对孩子的性格。对于自己的孩子,取得的成绩要作出正确的评价。特别是在孩子失败时,要加以鼓励、引导,帮助他们总结经验。千万不可有伤害孩子自尊心的言语或举动,因为这样会让他们觉得连在自己最亲切的家庭里也得不到温暖,就会容易导致其走向自卑。

3. 辩证地看待后进生

作为教师,应采取一分为二的态度看待每一位学生,对于学习成绩较差者,教师更应该看到这类学生其他方面的优点及特长,对其多关心、鼓励、帮助,应尽量给后进学生"雪中送炭",避免在给尖子生"锦上添花"的同时而忽视后进的学生。不能因为学生成绩差而歧视他们,或者挖苦讽刺他们。要给他们以学习方法的指导,避免给这些学生心理上的伤害,使学生产生逆反心理,与我们的集体越走越远,最后发展到产生孤僻、自卑心理。

4. 创设良好的环境

外界环境是学生产生自卑心理的一个主要原因。对于有自卑心理的学生,应该给他们创造一个良好的学习、生活的环境。教师要注意创造良好的班级氛围,使学生在集体中能够感到温暖,使他们能够有一种被重视的感觉。在集体活动中,使得每一位学生能够各尽所能,让他们的能力充分发挥出来,通过这些活动吸引学生的注意力,从而消除学生的自卑心理。父母在家庭生活中也应关注孩子的动态,尽量营造和谐融洽的家庭氛围。

第三节 逆反心理

逆反又称敌对,是指一个人表现出来的对他人甚至是社会的一种仇视、对抗、不相容的消极情绪状态。逆反心理是指人们彼此之间为了维护自尊,而对对方的要求采取相反的态度和言行的一种心理状态。青少年到十二三岁的时候,往往产生与父母相抵触的情绪。心里有什么话也不愿向父母说,对于父母的批评和劝导不像以前那样听话,甚至产生抵触情绪。人们把这种现象称为逆反心理。

一、中小学生逆反心理的表现

有逆反心理、敌对倾向的学生常对他人抱有不友好的态度,甚至把别人对他的赞扬也看成是冷嘲热讽;老师和同学不能给他提意见,他会认为这是对他的挖苦,甚至会做出报复、破坏的举动来;常和同学为一点鸡毛蒜皮的事情争得面红耳赤;在家里顶撞父母,不愿听他们的话;在学校顶撞老师,对纪律的约束充满反感。有逆反心理、敌对倾向的学生并不少见,主要见于步入青春期的青少年。

逆反心理的危害很大,直接影响到学生与父母、老师之间的正常关系,严重影响学生的身心健康。使学生理想泯灭、意志衰退、学习消极被动、生活萎靡不振等,进一步发展还可能向犯罪心理和病态心理转化。

美国心理学家布瑞姆提出了逆反心理理论,他认为,逆反心理的强度与对行为的威胁程度和该行为的重要性呈正相关,逆反心理水平在青少年时期似乎随着年龄的增长而呈现一定的上升趋势。

二、中小学生逆反心理的成因

(一)中小学生自身的成长发育

1.大脑发育成熟

青少年时期,人的大脑已经发育成熟并趋于健全,脑机能越来越发达,思维的判断能力和分析能力越来越强,思维的深度和广度增加,思维方式和思维视角向着逆向思维、多向思维等方面发展。青少年思维能力的发展和逆向思维的形成促进了他们自我意识的觉醒、成人感的产生和强烈的独立意识的增强。他们渴望独立,把自由看得比什么都重要,认为自己已经长大成人,应该自己管理自己、决定自己的一切,别人不应介入或干涉。此时,教师和家长对青少年的教育和引导如果不考虑他们青春期特有的生理和心理特点的话,很容易导致他们产生逆反心理。

2.性成熟

青少年性发育逐渐成熟,第二性征越发明显和突出,随之性别意识、性意识也逐渐建立和强化。此时,青少年非常关注异性对自己的评价,非常在乎自己在异性心目中的形象。有的青少年为了表明自己已经自立,能够独当一面,为了给异性留下良好的印象,对教师的教育和家长的指教不再"唯命是从",而是采取回避、反感甚至背离的态度,喜欢自作主张。

3.生理成熟与心理不成熟之间的矛盾

青春期的青少年在生理上已经发育成熟,但其心理发展却明显比生理发展滞后。思维的独立性和批评性有一定程度的发展,却还不够成熟。由于青少年的阅历较浅和经验不足,容易造成其认识的不坚定性和易动摇性,从而出现认识上的偏差、偏激、固执和极端化。他们对教师和家长的正常教育往往从对立面去思考,把教师和家长的劝说、批评、指点等看成是对自己自尊心的伤害,进而习惯性地把自己放在施教者的对立面上。他们看问题比较片面和偏激,固执己见,往往嫌父母和老师管得太多、太严、太啰嗦,进而对教师和家长的教育产生逆反心理。

4.心理发展需要与客观条件限制之间的矛盾

青春期的中小学生的需要已由低层次的生理需要、安全需要,开始向高层次的归属和关爱的需要、尊重的需要、自我实现的需要发展。在这个发展过程中,他们的思维往往会受到紧张的学业、错综复杂难以处理的人际关系等客观条件的限制,因此他们容易感到无所适从、无力解决,产生比较困惑的挫折感。由于青少年学生的心理承受能力比较弱,有时难以正确对待一些事物,没有能力把心理冲突平息下来,致使挫折所产生的消极心理影响不断扩大,反控制情绪膨胀,逆反心理就会随之产生。

(二)现代社会的强烈冲击

1.思想观念、价值取向、生活方式的冲击

随着我国改革开放的不断深入和市场经济的发展,各种新思潮、新观念、新事物不断涌现,促使人们的思想观念、价值取向、生活方式和思维方式发生了很大的变化。正处于成长期的、不谙世事的青少年由于对各种生活方式、行为方式、思想观念等缺乏正确的分析能力、判断能力和筛选过滤能力,往往盲目地去模仿和追逐一些新颖的、独特的生活方式、行为方式、生活观念和思想观点等,这时就往往与教师、家长传统的思想观念、价值取向等产生诸多碰撞和冲突,如果此时教师和家长不及时采取疏导的方式,而是继续采用原先静态化、程式化的教育方式和教育方法,就容易导致青少年产生逆向对抗心理。

现在的青少年大多数是独生子女,被社会称为"抱大的一代",社会缺乏对他们独立意识的认同感。社会舆论对这些青少年的前途存在种种担忧:他们在娇惯中生活造成心理比较脆弱,他们的自立能力,他们将来能否承担起建设祖国的重任,等等。在这些社会舆论的渲染下,教师和家长对青少年的教育不可避免地会打上深深的烙印,造成青少年的反感,因此在接受教育时容易产生逆反心理。

2. 大众传媒的冲击

大众传媒与青少年逆反心理之间也存在着密切联系。信息时代的到来和大众传媒的飞速发展,既给青少年提供了求知和受教育的新途径、新方法、新手段,也给青少年的身心发展带来了一些负面影响。这是因为大众传媒在信息选择上一般面向大众,忽视了青少年群体身心发展的需要,致使成人文化中的一些不良因素危害了青少年的思想认识,腐蚀了他们的心灵,使青少年在潜移默化中产生一种逆反心理定势。由于大众传媒还强调新奇性,介绍一些国内外的时尚现象,也容易造成青少年赶时髦,产生反文化意识。

此外,社会上不良现象对学校教育的消极影响,使青少年对学校管理教育产生怀疑,反而觉得教师讲的与现实脱节,不值得信赖,致使青少年对教师的管教感到反感。

（三）父母养育方式不当

家庭是青少年成长的"第一课堂"，父母是青少年的"第一任教师"。青少年在家庭中生活的时间很长，约占其全部生活时间的三分之二，因而父母会对子女的心理和行为产生重要的影响。家庭中不同的教育方式会培养出青少年不同的心理品质和个性特征。一些家庭不当的教育方式，直接造成青少年的逆反心理。专家曹钧等（2008）研究发现：父母养育方式与青少年逆反心理相关。父母情感温暖和积极的理解支持有助于降低青少年的逆反心理水平；父母惩罚严厉、过分干涉、过度保护、拒绝否认，将导致青少年逆反心理的增强。父母关系不良也是青少年产生逆反心理的原因。父母之间关系淡漠、感情不和以及父母长期的分歧、敌对、争吵不休会使子女的内心产生严重的焦虑、恐惧、矛盾、多疑或神经质，甚至导致其心理变态以及反社会行为。

父母在无视青少年独立性的情况下，给予青少年心理上和物质上过多的关心和照顾，对他们的生活、学习等方面的期望值过高、要求过严，超过了青少年的承受能力，无形中给青少年造成太大的压力，抑制了他们独立性和健康个性的发展。当压力过大而又找不到恰当的缓解压力的方法和策略时，青少年就会在情感上产生抵触情绪，进而产生逆反心理。

（四）学校社会环境较差

教师在教育教学过程中的失误容易导致青少年产生逆反心理。例如：教师自身教育理念、教育观念落后，教育教学方式简单、粗暴，不符合青少年身心发展的需要；言行不一，行为不检点；压制青少年合理的兴趣和爱好；教师处理问题不公正伤害了学生的自尊心和自信心；教育教学违背教育的原则和规律等。

班集体是学校的基本组织。班集体的特点、要求、舆论和评价对学生个性的形成与发展产生重要影响。青少年在班集体中的位置也会影响他们的心理。班集体是以学生为主体的小社会，每一个学生是小社会中的成员,在这种关系结构中占据一定的位置,并由此决定了其在集体中的地位和角色。学生在班级中活动和交往的主导动机之一是力求在同龄人群体中寻找自己满意的地位,获得同龄人的认可、尊重和好感。如果这种欲望经常得不到满足,那么社会与个性的对立和冲突是不可避免的。有的青少年为了在班集体中占据一席之地,想方设法用各种手段吸引同学们的注意,甚至不惜用反常的行为来引起大家的关注。

师生关系是学校中教师与学生之间以情感、认知和行为交往为主要表现形式的心理关系,是在师生互动的交往过程中形成和发展起来的一种人际关系。师生关系是中小学生的一种重要的社会交往形式,它是学校中教师与学生之间基本的人际关系。良好的师生关系是促进学生学习和减少学生问题行为的关键因素,它有利于学生思想品德的养成、学业的提高、智能的培养,能促进学生身心和个性的全面发展。在师生交往中,教师对学生行为的评价、情绪反应和行为表现,影响着学生对自己的体验和评价,尤其对学生个性发展,如自我意识和自尊心等,有着重要的作用。师生关系不良也是导致青少年产生逆反心理的重要原因。例如:有的老师讲究"师道尊严",总以为学生就得绝对听从老师的话,服从学校和老师的管教,不尊重学生,与学生之间缺乏平等的沟通和交流;有的老师自以为对学生负责,放松管教就会"误人子弟",然而却不注意方式方法,简单急躁,耐心不足,学生对老师"敬而远之",老师对学生"疏而远之",师生之间不相互信任和理解;也有一些老师对中小学生自尊心越来越强的特点注意不够,只站在教育者的立场要求学生,学生稍有反感,就讽刺挖苦,伤害了他们的自尊心。久而久之,学生的逆反心理也就产生了。

另外,学校的评价体系、价值体系滞后于学生和时代所要求的评价标准、价值取向,教师的言传身教作用发挥不够,这些也会在一定程度上降低教育者的威信,导致青少年反感,使他们对一些正面宣传教育的信息产生逆反心理。

（五）同伴群体的不良影响

同伴群体是一个由地位、年龄、兴趣、爱好、价值观等大体相同或相近的人组成的、关系亲密的非正式群体。它是一个独特的、极其重要的社会化因素，尤其在个体进入青春期后，同伴群体的影响日趋重要。

由于同伴群体成员的年龄、兴趣、爱好相近，成员间的地位平等，他们可以相互倾吐不愿向成年人吐露的思想、看法、情感，有共同的语言。同时，每个成员在群体中可自由充分地表现自己。这些都能使青少年在心理上得到极大的满足。因此，当同伴群体中存在不良影响时，很容易导致青少年产生逆反心理。例如，在青少年同伴群体中，一些人不良的价值观念和行为倾向很容易对另一些人产生不良影响。再加上青少年自身心理的不稳定和模仿性，他们更容易形成逆反心理。

逆反心理对学生危害很大。有逆反心理者虽然看似对许多事情都毫不在乎，实际上内心却是痛苦和不安的。而且有逆反倾向的学生常把自己摆在与别人对立的位置上，也不利于人际关系的良好发展，心理上难免有孤独、寂寞之感，长久下去对身心健康都是不利的。

三、中小学生逆反心理的疏导

1. 辩证看待青少年的逆反心理，因势利导

青少年的逆反心理既有消极作用，也包含许多积极作用，教师应辩证地看待，正确认识青少年逆反心理的积极作用和价值。青少年产生逆反心理，是其天性的自然流露，是其智慧的火花和创造的源泉。它从另一方面反映了青少年自我意识增强、好胜心强、勇敢、有闯劲、能求异、能创新、能思辨。现代社会充满竞争，迫切需要具有创造性思维、创新能力、眼界开阔、不断进取的人才。我们的教育不应培养一味顺从的人，盲从或盲拒都是不正确的行为表现，事事顺从也不是心理健康的表现，相反意味着另一种不健康，既不利于培养青少年的创造性思维，也不利于

培养素质全面的人才。我们应该培养有主见、有创新意识和创造能力的学生。因此,教师要留心注意,善于发现逆反心理中的创造性品质和开拓意识,并因势利导,促其成才。只要引导得当,逆反心理是能够在现代社会中发挥积极作用的。

另外,逆反心理在某种程度上能防止其他一些不良的心理品质的形成。逆反心理强的青少年,在不顺心的情况下,在愤懑、压抑、不满的时候敢于发泄,他们不会让不愉快的事情长期滞留心中,不会让有碍自己身心健康的负情绪长期得不到释放,不会有畏缩心理、压抑心理,也不会懦弱、保守、逆来顺受。他们以这种形式保持心理平衡,有时也能起到维持身心健康的作用。

教师应该如何利用青少年逆反心理的积极作用和价值、如何正确地引导逆反心理向创造性思维的方向转化和发展呢?

首先,要大胆运用逆向思维,通过逆向论证,提高青少年对错误思想、错误看法的鉴别能力。具有逆反心理的青少年,一般都喜欢采用逆向思维。逆向思维作为一种思维方式,有时能达到正向思维难以达到的效果。其次,教师要改变教育方式,运用辩证思维增强教育效果。时下,不论是学校教育还是家庭教育、社会舆论都比较注重正面的宣传和教育,这种教育方式有利于帮助青少年树立科学的人生观、世界观,这是毋庸置疑的。但是,不可否认的是,我们未提供给青少年的阴暗面不时会侵扰他们,让他们感到困惑、不知所措、无所适从,从而产生上当受骗的感觉。如果教师能够把辩证思维贯彻于教育过程当中,改变目前只讲光明面、不讲阴暗面的做法,根据实事求是的原则实施恰如其分的教育,往往更容易被青少年接受。

下面的漫画是父母巧用孩子的逆反心理,达到了让孩子多看书的目的,值得大家借鉴。

在课堂教学当中,教师可以大胆地利用青少年的逆向思维,有意识地选取一些错误观点让学生讨论,激发学生的学习兴趣,散发学生的课堂思维。通过逆向思维,引导学生去思考、去辩驳,往往可以阻止不良的逆反心理出现。

2.尊重、理解、信任学生

虽然教育学生是教师的义务和职责,但是教师与学生之间应该是平等的。特别是对待青春期的学生,由于他们的可塑性极强,自立自主的欲望又特别强烈,所以教师一定要尊重和理解他们,对待他们要像对待朋友一样,绝不可采取高高在上的姿态,使学生感到在人格上与教师处于不平等的地位。教师要注意,学生有与教师同等的发言权,不能一切都由教师说了算,否则学生的逆反心理可能更严重。具有逆反心理的青少年经常受到教师的斥责,一般比较心虚、敏感,对教师怀有戒心、敌意,但他们又迫切需要教师的谅解和信任。因此,教师要真心实意地帮助他们,充分地信任他们,不要盲目责怪他们,要心平气和地、态度诚恳地先跟学生沟通,了解缘由,聆听他们的心声,尽可能地多鼓励、表扬,不轻视、嘲笑他们的观点和看法,从而达到在相互充分信任的基础上,帮助青少年学生建立正确的思维模式和稳定的心理系统,建立全新的师生关系,奠定克服逆反心理的心理基础。

3.注意挖掘逆反青少年的闪光点

教师要注意挖掘逆反青少年的优点和长处,使之产生上进心,进而获得成功的情感力量。就效果而言,这种方式远超于单纯地用批评、处分的办法,因为该教育对策能强化逆反青少年的优点,增强其自信心,融洽师生关系,形成积极向上的心态。例如,如果某个逆反的青少年比较喜欢球类运动,教师可以顺势实施"体育疗法",任命其为体育委员和篮球队长,并且指导其组建班级篮球队;如果某个逆反的青少年写字和作文比较好,可以任命其为语文课代表,让其负责班报工作,还可以鼓励其积极参加各种作文比赛和书写比赛等。这种不埋没人才的方法使逆反的学生们闪耀出光辉,又可止步于逆反的深潭边。

4.引导逆反青少年学会"换位思考"

教师要引导具有逆反心理的青少年学会换位思考。当具有逆反心理的青少年站在教师、家长的角度时,他们才会意识到教师、家长行为的合理性和自己的偏颇,才能体会到教师、家长的处境和心情,增强他们对教师和家长的理解、尊重,进而减少心理反感、不恰当的心理和行为表现,削弱和消除逆反心理。

5.把握和捕捉恰当的教育场合和教育时机

如果教育场合选择得当,教育时机选择得体,因人、因时、因地对青少年进行疏导,那么对于防止和消除青少年的逆反心理有很大的帮助。反之,如果教师教育场合和教育时机选择不当,往往会适得其反,不但达不到预期的教育效果,反而会让青少年产生更强的逆反心理。

6.讲究教育的艺术

常言道:良药苦口利于病,忠言逆耳利于行。教师在对逆反青少年进行教育时所采用的语言肯定都是对青少年成长发育有利的"忠言"。然而,到底"忠言"应该如何传达才最容易被他们接受,达到预期的教育效果呢?美国心理学家威廉·詹姆斯说过:"人性中最深刻的禀赋是被赏识的渴望。"社会心理学家认为:在人们的心灵深处,最渴望他人的赞美。赞美是一种鼓励,它在人们心灵深处植入的是信心和力量,播种的是奋进向上的种子,让人更加充满活力和精神,能使人们坚定发展的方向。教师要善化"忠言"为"赞美",时刻鼓励学生勇往直前。

7.注意教育的活动性

因为活动本身是实际而有效的教育刺激,它可以调动青少年的主体参与意识,引发青少年进步的愿望,显示青少年个人的品德和才能。此外,青少年既有参加集体活动的强烈兴趣,也有渴望友情、渴望受到尊重等内心需要,因而青少年十分重视集体对自己的要求、评价和信任。既然如此,教师就可以充分利用青少年的这一心理特点,充分发挥集体活动对每个成员的教育、评价和激励作用,营造积极的心理氛围,最大限度地防止逆反心理的产生。当然,必要的说教和灌输是绝对不可偏废的,教师所需要的只是把说教和组织各种活动紧密地结合起来。

8.了解和掌握青少年的动态情况

随着青少年独立性的增强,他们活动的范围不断拓展,交往的朋友也逐渐增多。但是,由于青少年心理的闭锁性,他们往往不愿意向教师和家长诉说心事,反而更愿意向同龄伙伴倾诉。因此,教师可以通过观察逆反青少年本人的行为表现和向逆反青少年的同伴、家长了解情况等途径,及时了解和掌握他们的各种情况。只有摸透情况后,教师的教育才有说服力和针对性。否则,在不了解事情真相的情况下,教师所讲的话可能与事实不符,自然不容易被青少年接受,更有甚者会诱发青少年更强的逆反心理。

教师在充分了解青少年的各种情况以后,即使青少年的做法不恰当,也不应采取枯燥无味的说教,而应采取商量的态度、讨论的方式,与青少年交流看法,这样既可以弄清楚事实,又通情达理,容易达到较好的教育效果。

9. 加强对同辈群体的指导

青少年作为同辈群体的成员,不可避免地会受到群体压力的影响。群体压力是群体对其成员的一种影响力。当群体成员的思想或行为与群体意见或规范发生冲突时,成员为了保持与群体的关系而需要遵守群体意见或规范时所感受到的一种无形的心理压力,使成员倾向于做出为群体所接受的或认可的反应。由此可见,积极的同辈群体会促进青少年成长,而消极的同辈群体则会对青少年产生负面作用。因此,教师必须摸清逆反青少年隶属的同辈群体,加强对同辈群体的正确指导,尽早扭转同辈群体中的不良风气。教师特别应该认真鉴别同辈群体中的领袖人物,加强对领袖人物的指导作用,充分发挥领袖人物在同辈群体中的影响力、感染力和号召力。

10. 构建学校、家庭、社区一体化立体教育模式

只有学校对逆反青少年的教育和辅导是远远不够的,学校、家庭、社区三者之间要加强联系、相互支持、密切配合,及时促进三者的协同一致,争取全面的转化环境,尽量消除其中的不和谐音调和消极因素,奏响一首和谐的交响乐,从而最大限度地消除学生在青春期产生的困惑,使他们在心理上产生一种认同感和成就感。

第四节　嫉妒心理

在现代汉语词典里,对"嫉妒"的解释是:嫉妒即妒忌,是指对才能、名誉、地位或境遇比自己好的人心怀怨恨。嫉妒是一种混杂着悲愤与恐惧的复合情绪,其表现是不能容忍别人的进步与优点,通过诋毁对方达到心理上的暂时平衡。嫉妒的实质是自信心或能力缺乏的表现。黑格尔

说:"嫉妒乃平庸的情调对卓越才能的反感。"

既然嫉妒受到如此普遍的关注,那么心理学家是如何定义嫉妒的呢?中国《心理学大辞典》中对嫉妒的定义是:"与他人比较,发现自己在才能、名誉、地位或境遇等方面不如别人而产生的一种由羞愧、愤怒、怨恨等组成的复杂情绪状态。"在地位相等、年龄相仿、程度相同的人之间最可能发生嫉妒,因为相似者之间容易比较。心理学家布里奇斯观察到,儿童大约在16～18周出现嫉妒情绪,这一观察结果得到了中国心理学家林传鼎的证实。心理学家弗兰克尔提出,儿童在2～3岁出现嫉妒,5岁之后,嫉妒方式与成人相同。有调查表明,84.1%的中小学生时常感到心理不平衡,存在不同程度的嫉妒心理。

一、中小学生嫉妒心理的表现

1.对同学学习成绩的嫉妒

这是发生在中小学生中最为常见的一种嫉妒表现。不仅学习成绩较差的学生会嫉妒学习成绩较好的学生,而且学习成绩较好的学生相互之间也可能产生嫉妒心理。一些学生由于嫉妒心理,可能会采用一些不正当的方法干扰他人学习。一个班级曾经发生这样的怪事:在期末考试前,班上成绩最好的楚乔同学的笔记本不翼而飞,哪里都找不到。考试结束后,那本笔记本出现在班级一个不显眼的角落里。很显然,这是某个同学出于嫉妒心理,采用了不道德的手段,事后由于内疚,又故意制造了假象还回了笔记本。这种已经萌发的嫉妒心理如果不加以及时疏导,日后恐怕会酿成更大的事故。

2.对同学各种荣誉的嫉妒

这主要是发生在一些学习成绩比较好的学生之间的嫉妒心理。有些学生学习成绩较好,但是却不重视德育和体育。当看到那些虽然成绩不如自己,但在德、智、体三方面综合发展较好的学生当选为班干部、获得"三好学生"等荣誉时,心理就感到很不平衡,极度失落,有的甚至造谣中伤别人。另外,也有一些学生见不得别人进步,虽然自己已取得某些成绩,获得一些荣誉,却总担心别的同学会超过自己。这样的学生总愿意打探别人用的参考书、上的补习班,却严密封锁有关自己的一切学习信息。这样的学生由于嫉妒而不愿去分享,不但交不到真正的朋友,还会失去和同伴共同进步的机会!

3. 对同学相貌、衣着的嫉妒

这种对于相貌和衣着的嫉妒虽然不像对学习成绩的嫉妒那样强烈,但这种嫉妒却深入人心,暗中涌动,且有愈演愈烈的趋势。这种嫉妒可引发盲目攀比,尤其是目前的独生子女现状和日益富裕的家庭经济水平为这种攀比提供了条件。小学生会攀比谁的书、笔、书包、衣服好看,是不是名牌;中学生会攀比相貌、衣着、学习用具、手机等。这种由于对其他同学相貌、衣着、学习用品的嫉妒而导致了盲目攀比,盲目攀比又导致了同学之间的不团结,彼此相互讥讽、怨恨甚至造谣、恶意中伤等,给他人带来心灵上的伤害。小雪和莉莉是初中生,她们是好朋友。一天小雪穿了一件舅舅从国外带回来的雪纺裙,就像白雪公主一样,非常漂亮,同学们羡慕异常,纷纷称赞,莉莉心里很不是滋味。下课后,眼尖的莉莉发现小雪的椅子背上有一个钉子松动了,露出了尖头,莉莉心里一动,却没有出声。上课了,老师让小雪回答问题,小雪一站起来,只听"嘶"的一声,雪纺裙被撕开大半,小雪又惊又羞,大哭不止。莉莉一边假意和同学安慰小雪,心里却窃喜不已。这种嫉妒已给当今学生之间带来了冷漠和虚伪,如果不及时疏导,再向前迈一步,就比较危险了。

4. 对交际能力强、人缘好的同学的嫉妒

这也是存在于中小学生中的一种嫉妒。由于每个青少年学生的性格、气质或成长环境的不同,交往能力也不同。有的学生性格开朗、热情大方、兴趣广泛,容易成为同学们中的中心人物;那些性格内向而又无力改变现状的学生会对他们心存隔阂,乃至嫉妒。

5. 对情感占有的嫉妒

这种嫉妒主要是表现在对两人之间关系的一种独占,从而对加入两人之间的第三者所引发的怨恨、不满的嫉妒心理。这种嫉妒既可以发生在同性友谊之间,也可以发生在异性爱情之间。若这种嫉妒心理不及时控制,还可能转变为怨恨、仇恨。

二、学生嫉妒心理的成因

(一)内因

1.生物遗传性

培根说过:"嫉妒是人类最卑劣最堕落的情欲,同时也是人类的本性之一。"这道出了嫉妒产生的根本原因,即生物遗传性。人类的嫉妒心是一种原始的情感,是一种本能的反应。嫉妒的社会生物学理论起源于达尔文的进化论,它的理论基础有两个。一个是嫉妒进化论:嫉妒是人类进化过程中的一种保护性本能反应,人和动物都有嫉妒行为为这一观点提供了证据;另一个是性别差异演化论:随着男性和女性进化层次的上升,他(她)们在生理上和行为上的差异日渐明显,因此两性在表达嫉妒的方式上显示出差异。

2.嫉妒型人格

嫉妒心理的产生主要由个体的性格特征所决定。例如,个体具有神经质、狭隘、自私、自卑、不安全感、过分争强好胜等方面的性格特征,或具有偏执型人格,就容易产生嫉妒心理,归根结底,这种性格特点是一种极度扭曲的自尊心在作怪。具有这种性格特征的学生,总认为自己应该是"最棒的",不能容忍他人的进步,一旦自己的地位低于别人,强烈的嫉妒心理就产生了,同时会引发一系列攻击行为,如运用想象来编织他人的缺点,捕风捉影,吹毛求疵,制造事端。这种人不管关系远近、是否对其构成直接威胁,都会自觉或不自觉地流露出嫉妒和不满,而且当被嫉妒者的内在条件和外在条件与自己大体相当,且有某种利益关系或是竞争关系时,更容易产生强烈的嫉妒心理,甚至出现攻击行为。

(二)外因

1.家庭环境

家庭环境对于青少年身心的健康成长具有重要意义。如果幼年时家庭环境不良、亲子关系不好、父母教养方式不当,就会为青少年嫉妒心理的发生埋下隐患。

(1)童年创伤经验的复现

精神分析学派的创始人弗洛伊德认为,成人的嫉妒并非与生俱来,而是童年的潜意识创伤经验的复现。由于每个人都会在童年经历不同程度的焦虑和恐惧,这些经验沉积为潜意识,并在适当的情境下由深层潜意识向意识表层过渡。由于童年的焦虑和恐惧人皆有之,所以嫉妒是普遍的、不可避免的。

(2)父母对子女学业成绩的要求

考出好成绩、上名校、将来找好工作已成为很多家长和教师的共识,也是他们对孩子的殷殷期望。望子成龙、望女成凤已成为当下所有父母的夙愿。尤其是那些家庭经济条件很好,但是当年由于各种原因没有圆大学梦或者名校梦的父母们,他们便把全部的希望寄托在孩子身上,希望孩子能实现自己当年的梦想。还有那些来自偏远山村、家庭经济条件不好的父母们,对他们而言,整个家庭未来的出路就是依靠孩子考上大学。因此,父母对孩子的学业成绩和排名格外看重,学习成为学生生活的唯一。相信很多父母都曾对自己的孩子唠叨过,"你天天就知道玩,也不知道学习,你看某某家的孩子,多有出息,这次又考了个第一。一样的孩子,你怎么就这么不争气,你考个班级前十名我也高兴啊!"殊不知,这种情绪对抗下的比较,不但没有激励的效果,反而会激起孩子的逆反心理,甚至会激起对比较对象的怨恨、不满,从而导致嫉妒心理的产生。

2.学校环境

学校是中小学生培养品德、获得知识、强健体魄的重要场所,也是中小学生社会化的重要场所。教师和同伴对于中小学生而言具有重要作用,不良的师生关系和同伴关系也可引发嫉妒。

(1)教师的表扬和比较引发嫉妒

多数教师都会比较偏爱聪明、学习成绩好的学生,在日常教学中难免会经常表扬他们。同时,教师在批评一些学习后进生的时候,也不可避免地把这些好学生作为后进生的榜样,于是,教师上演了一幕"比较"的苦情戏。殊不知,这种来自同龄人、来自身边人的比较最能引起嫉妒心理。不比较还好,一比较,嫉妒之火油然而生!若控制好了,嫉妒转化成动力;否则,难免发生破坏性行为。

(2)同伴之间的盲目攀比引发嫉妒

同伴对中小学生的健康成长和良好适应社会有重要影响,但是不可否认的是,同伴之间的盲目攀比和跟风,也引发了嫉妒的产生,给中小学生带来莫大的困扰。

3.社会环境

嫉妒是周围文化潜移默化或直接冲击影响的产物。行为学家认为,嫉妒常常是不恰当的学习结果,应该从当前的文化环境中去寻找嫉妒产生的原因和解决办法。物欲横流的当今社会环境使学生的情绪烦躁,不能平和地吸收营养的知识文化,而是受各种文化特征的刺激。其间竞争越激烈,导致的嫉妒就越为强烈。

(三)内因和外因相互作用的结果

嫉妒产生的原因非常复杂。它不是由单一因素引起的,其发生也不是单向的,而是由多个因素交互作用的动态结果。尽管内因和外因都对嫉妒的产生做出了自己的解释,但是我们认为,其中最核心的原因还是内因,是个体因素。在童年不幸的经验中、在比较时、在个体感到威胁时、在不稳定的关系中,个体扭曲了的自尊引发了嫉妒心理。因此,教育工作者一定要注意教育方法,呵护学生的自尊心,让学生正确认识自己和他人,避免嫉妒的产生。

三、学生嫉妒心理的不良影响

荀况曾经说:"人有妒友,则贤交不亲,君有妒臣,则贤人不至。"这说明,嫉妒无论是对于个人还是对于国家都是有害的。古往今来,由于嫉妒而引发的恶性事件不计其数。战国时期,庞涓由于嫉妒设计挖了孙膑的膝盖骨,后来却死于孙膑之手;三国时代,曹操由于嫉妒杀了杨修;周瑜一生都在与诸葛亮斗智,但怎奈技不如人,反自取其辱,最终发出"既生瑜,何生亮"的感叹。现代社会,河南信阳某高中女生因嫉妒同学相貌好、学习成绩好,用硫酸毁了同学容貌,后被判死刑;北京大学某研究生因嫉妒另一名获得留美全额奖学金的同学,就冒名拒绝了这份邀请,事情败露后,该生自己的留美申请被取消。正所谓"机关算尽太聪明,反误了卿卿性命"。如果不正确对待嫉妒,会招致伤人害己的下场。那么,对于学生而言,嫉妒具体都有哪些不良影响呢?

1. 影响心理健康

嫉妒总是与不满、患得患失、怨恨、烦恼、恐惧等消极情绪联系在一起,构成嫉妒心理的特有情绪。一个人一旦有了嫉妒心理,就会伴随产生上述种种不良情绪,降低学习效率,进而影响正常的学习和生活。一个人一旦产生嫉妒心理,如果疏导不当的话,会有两种后果:第一种,向外发泄,即对引起他嫉妒的人进行直接或者间接的攻击性行为;第二种,对内发泄,即长期压抑由嫉妒引起的不良情绪,并通过一些过激的行为如打自己等方式变相地惩罚自己,长期下去,容易导致抑郁。此外,嫉妒心强的学生通常人际关系都比较紧张,结交不到真心的朋友,导致无法很好地适应学校和社会。

2. 影响身体健康

美国有些专家通过调查研究发现,嫉妒程度低的人在25年中仅有2%～3%的人患有心脏病,死亡率只占2.2%。嫉妒心强的人,同一时期内竟有9%以上的人患有心脏病,死亡率高达13.4%。由于嫉妒情绪能使人体大脑皮层及下丘脑垂体促肾上腺皮质激素分泌增加,造成大脑功能紊乱,免疫机能失调,从而使自身免疫性疾病以及心脑血管、周期性偏头痛的发病率增加。医学家们还观察到,嫉妒心强的人常会出现诸如食欲不振、胃痛、头痛、背痛、心悸、郁闷、神经性呕吐、过敏性肠炎、痛经、早衰等现象。

3. 引发不良行为,导致犯罪

对他人的嫉妒如果不能得到及时的疏导,遇到合适的机会就会爆发出惊人的力量,如毁坏他人财物、诋毁他人名誉甚至伤害他人身体等犯罪行为。由于嫉妒引发的害人之心不可有,然而现实社会却天天在演绎,对社会进步、社会安定会造成极大的危害。

四、中小学生嫉妒心理的疏导

1. 引导学生正视嫉妒心理

嫉妒心理是每个人都可能会产生的一种心理。适当的嫉妒心理正是自己不断推舟前航的动力,因此,有了嫉妒心理并不可怕,只要正确认识嫉妒心理,勇敢地正视自己的嫉妒心理,积极地迎接挑战、解决挑战,才能不断完善自我。

2. 帮助学生正确认识自己、悦纳自己

许多学生之所以产生嫉妒心理是因为不能客观地认识和评价自己,盲目比较从而导致不必要的嫉妒。俗语说"人比人,气死人"。一个人在各方面都不可能十全十美,"金无足赤,人无完人",而且有些方面,比如相貌、身高、家庭经济条件、父母等是个人无法选择的。要帮助学生形成良好的心态,正确认识自己,分析自己的优点在哪里,缺点在哪里,进而帮助学生悦纳自己(包括自己的体型、容貌、能力与水平等),教会学生要学会热爱自己、欣赏自己、悦纳自我,平静而理智地看待自己的长处和短处,宽容地对待得与失,既不自满自负,也不自卑自责。

3. 完善自己,把嫉妒心理转化为向上的动力

嫉妒心理会产生强大的破坏力量,但是如果疏导及时得法,却可以成为学生进步的动力!在正确认识自己的前提下,看清了自己和被嫉妒者之间的差距后,采取适当的竞争行为,把嫉妒心理变成一种行为的内

部驱动力,通过努力拼搏来缩小彼此间的差距。当自己取得成功后,嫉妒心理也会随之烟消云散。

4. 营造温暖、公平的竞争环境

在学校中,引起学生嫉妒的两个最重要原因就是教师的偏爱和激烈的竞争。因此,教师在教育过程中,应该做到公正和公平,师恩普施,师爱遍洒,切不可厚此薄彼。不仅如此,教师还应该对那些暂时落后、有待进步的学生多一份关爱。并采取具体的措施,帮助指导落后的学生总结经验教训,改进学习方法,从而化解学生的嫉妒心理。规范竞争行为、优化竞争环境是预防和调节嫉妒心理的有效手段。教师要善于发现每个学生的长处,引导学生树立良好的自我意识,帮助他们建立竞争的信心,创造公平竞争的机制,要善于融洽学生之间和师生之间的关系,形成相互帮助、相互鼓励、相互学习的良好氛围,形成正确的竞争意识。

5. 学会正确比较

(1) 肯定自己,勿盲目攀比

学生应学会纵向和横向的对比,尤其是自己在不同阶段的进步。首先要正确认识自己,给自己树立明确的学习目标和进步方向,然后才是通过自我比较正确评价自己。常与自己比较,一来可以看到自己在各方面的进步,获得前进的动力和满足感;二来可以清晰地看到自己发展的方向和目标,不至于在与别人的盲目比较中迷失;第三,通过自我比较,也是自我发展和完善的一种动力。

(2) 珍惜拥有,勿盲目艳羡

"拥有的时候不珍惜,等到失去了才知道后悔"。有些学生被嫉妒蒙蔽了双眼,只看到对方的长处,却全然不顾自身的优点,用尽全部精力在自己并不擅长的地方,这样做不但事倍功半,而且也浪费了自己原本具有的天赋和优点。当自己内心有嫉妒苗头冒尖时,应及时告诉自己,"我拥有的已经够多了,我很幸运,我足够幸福。"珍惜自己当下拥有的,不去艳羡无法获得的。

6. 树立远大目标，充实自己的生活

正确认识、评价自己，树立远大的学习和生活目标。培根说过："每一个埋头于自己事业的人，是没有工夫去嫉妒别人的。"当别人超过自己或自己感到不如他人时，与其嫉恨、不甘、失落，不如确立明确的目标和实施方案，让自己忙碌起来，并一步一个脚印地努力按计划实践方案，这样过程虽然艰辛，却可在达成目标之时苦尽甘来。

7. 让快乐占据主导地位

要积极引导学生采取有效策略，争取让积极情绪占据主动地位，从而忽略嫉妒情绪的困扰。快乐可以治疗嫉妒，因此，学生要善于从生活中寻找快乐，就像嫉妒者随时随处为自己寻找痛苦一样。快乐是一种情绪心理，嫉妒也是一种情绪心理。何种情绪心理占据主导地位，主要靠人来调整。嫉妒是一种突出自我的表现，在这种心理支配下，待人处事就会常常以自我为中心，无论什么事，首先考虑到的是自身的得失，因而引起一系列的不良后果。及时自我约束，努力克服嫉妒心理，去找寻欢乐，使欢乐凝结，打败内心初始凝聚的落差、不满、嫉妒，这样才会变得"心底无私天地宽"般的阔达。

此外，还应该培养各种兴趣爱好，比如唱歌、跳舞、书画、下棋、打球、游泳、旅游等等，既陶冶性情，又促进心理健康，让自己的生活充实起来，让情感世界丰富起来，嫉妒的毒素就不会滋生、蔓延。

第五节　　依赖心理

随着经济的高速发展，中小学生的生活越来越好，他们衣食无忧，过着衣来伸手饭来张口的日子。他们不必考虑任何与现实有关的事，不必担心生活。他们变得任性、野蛮。他们不怕老师，不怕父母，也不用担心成绩。然而这一切让孩子们变得懒惰，变得在生活上离不开父母，离不开老师。他们不能自立,像寄生虫一样,离不开母体。

一、中小学生依赖心理的表现

依赖心理是指一个人对外界的依赖或依靠的心理体验,心理学者认为:"依赖心理最突出的表现是缺乏自信心和独立感。"具有依赖心理的中小学生时常乞求他人的帮助,处事优柔寡断,事事希望父母或师长为其做出决定。依赖性强的学生喜欢和独立性强的同学交朋友,希望在他们那里找到依靠。学习上,总希望让老师给予细心指导,经常处于被动学习状态。在家里,他们一切都听从或依赖父母。另外具有依赖心理的孩子严重缺乏责任感。遇到问题,他们总习惯求助别人,从来都不会自己去考虑或动手解决问题,他们总以为有些东西自己不会总有人会帮他们解决,他们依赖于父母、朋友、老师。一般情况下,具有依赖心理的孩子较缺乏自主性。他们经常变得狭隘、无助,交不到朋友,得不到周围其他人更多的关注。这样的学生缺乏自信心,有一定程度的自卑心理。如果形成恶性循环,他们会变得越来越依赖别人,如父母、师长、朋友等人,会把别人看得比自己重要,期待着别人的安抚与赞许,会自觉或不自觉地迎合别人的意愿,以取悦对方,而将自己置于依附的地位,这样就丧失了自我,但又经常会因此感到怨恨,但若不这样又感到内疚和不安。这样的学生,就变得越来越没有自己的想法,久而久之他们就丧失了独立自主的能力,甚至有可能无法适应这个社会。还有研究表明:如果一个人具有依赖心理,那就会使他成为一个瘸子——离开了拐杖就走不了路,同时也会给别人造成负担。

二、中小学生依赖心理现状

随着人们生活水平、文化水平的提高,很多家庭积极响应计划生育政策。大多数家庭是独生子女,加之家庭生活条件优越,一家人围着一个孩子转,视孩子为掌上明珠,对孩子的任何要求都是百依百顺。事实上,很多孩子的坏习惯、坏毛病都是上一代人纵容出来的。这些孩子一旦离开父母生活就变得寸步难行。不仅在生活上，学习上也是如此。很多孩子放学后做作业总是要父母陪在身边。如果大人不陪他们就会找各种理由拒绝做作业，出于对孩子的关心，家长们也很愿意满足他们的要求。但是，这些孩子在遇到学习上的问题时，从来不去思考，只是一味地问父母。而有些父母则觉得孩子很好学，不懂就问，所以便一一解答，殊不知这些孩子并没有真正学到心里去。这些学生，在家中如此依赖父母，那么在学校里的表现又是如何呢？有调查显示百分之六十的学生在生活上存有严重的依赖父母的现象，百分之五十的学生在学习上有严重依赖老师的心理。这些学生上课的时候不认真听讲，对老师提出的问题从来不去思考，他们总认为会有别人去解决这些问题的。在学习中遇到困难，他们不会想要自己查找资料去解决问题，而只会问老师。老师讲什么就学什么，也从不会认真想自己学了什么、要学什么。这样的学生一般成绩也不会很好，他们缺乏学习的自主性，做作业时如果同一道题有两种答案，他们会选择相信别人的答案，在考试他们遇到难题的时候甚至有可能会选择抄袭别人的答案，我们不免有些担心，如此下去，将来走入社会这样的学生会有自己的创造，会有真正属于自己的东西吗？

三、中小学生依赖心理的成因

（一）客观原因

1. 独生子女、同龄伙伴圈狭窄

目前，独生子女现象较为普遍，据上海市青少年发展咨询中心最近一项调查显示，目前青少年心理障碍的检出率为16％，独生子女的问题尤为严重。孩子们回家只有一个人玩，周围缺少同龄玩伴，非常孤独。即使可以得到亲人的爱，但是没有兄弟姐妹，他们还是会觉得孤独。因此他们希望得到更多的爱，希望得到更多的关注，于是很多事他们都要别人帮忙，并以此获得关注，久而久之就形成了依赖心理。

2. 长辈的溺爱

孩子是父母手心里的宝,父母对孩子的爱是无穷无尽、无怨无悔的,但过度的爱就变成了溺爱。有的父母只是开始拗不过孩子的撒娇吵闹,但次数多了,孩子们就变得放肆。他们凡事都要求父母替他们做,慢慢就变得自理、自立能力不足,结果变得做什么都只能依赖别人。

3. 代沟问题

"望子成龙、望女成凤"是很多家长的殷切希望。这样的希望让现在的中小学生承载了太多的压力,他们总是试图去拒绝但都以失败告终,并且使他们与父母的沟通也变得很不顺利。于是他们只能硬着头皮去上各类补习班,去被动学习各科知识,但那并不是他们自己真正想要的,他们只是被动地应付家长,在上补习班的时候他们也只是换了依赖对象——老师。

4. 教育失当引起的心理依赖

人性总是有弱点的,比如说推卸责任、逃避现实、临阵脱逃、贪图享受、虚荣等等,而这些弱点在中小学生身上表现得尤为明显。有时候打坏别人的东西他们也许会撒谎,因为他们害怕面对、怕挨批评,所以他们会推卸责任。考试时他们也许会作弊,因为他们也想成绩好一些。但是中小学生的能力毕竟有限,他们需要老师和家长的引导和帮助。因此教师、家长必须重视孩子独立性的培养,不能一味地要求他们听话、学乖,不要抑制孩子们的独立性,逐步帮助孩子们克服依赖心理。

(二)主观因素

1. 自信心缺乏、自卑心作怪

有些学生遇到挫折很容易丧失自信心,变得自卑。他们总觉得自己这也不行那也不行,如知识贫乏、能力不强、笨嘴笨舌等。他们认为自己不如别人,没有能力也没有个性,于是干什么都没勇气,所以一遇到事情时他们总喜欢躲在后面。而在他们依赖别人的过程中他们会觉得不再孤单,感觉有"靠山",有时候会因迎合别人所得到的赞赏而高兴。久而久之,他们逐步丧失了独立性,形成了依赖心理。

2.懒惰心理在作怪

现在的中小学生由于受到父母无微不至的关照,不用帮家里做任何事,慢慢地养成了懒惰的坏习惯,什么都想让别人去做,过着衣来伸手、饭来张口的生活,逐渐变得很依赖别人,日复一日地消磨了自己的主见,从而变得不再自信。这样的学生往往做事总是拖沓,今天推明天,明天推后天,推到最后又开始指望别人。比如,假期里他们总是会把作业留到最后一天。一开始放假时他们总是想,"再过几天再做吧!"隔日又想"再过几天再做吧!"这一过就过到最后一天,他们就开始着急了,于是到处寻求帮助,如此反复。就因为这样,他们变得越来越懒惰,逐步形成了依赖心理。

四、中小学生依赖心理的疏导

中小学生处在长知识、长身体的阶段,他们的心理品质还没有成熟,一些学生由于各种客观原因,或缺乏对自己的正确认识,容易出现依赖心理。随着独生子女的增多,中小学生依赖心理也逐渐引起了社会的共同关注,那么如何疏导学生的依赖心理呢?

(一)家长应树立正确的教育观念

俗语说,父母是孩子的第一位老师。因此,家长必须有正确的教育观念。第一,家长要放手,不要过于大包大揽。第二,要培养孩子的责任感,引导孩子敢于承认错误,敢于知错就改。第三,要让孩子逐步学会独立生活,学会自己的事尽量自己做。第四,要严格要求孩子,教育他们尊老爱幼,懂礼貌,不能对其放纵。

(二)引导孩子多交朋友

独生子女缺少同龄玩伴,孤独感日益增强。他们开始变得焦虑,依赖家长。他们只有在家里才会有安全感,在学校他们感到孤独,感到烦躁,在课堂上他们很难集中注意力。其实这一切都源于他们缺少同龄玩伴。因此作为孩子的家长、老师有必要引导他们多交朋友。

（三）适当地让孩子体会生活的艰辛

由于我们现在提供给孩子们的生活过于安逸，使他们无法体会到生活的艰辛。他们通常觉得没有什么需要担心的，他们坚信父母会给他们想要的。父母是他们身后一把宽大厚实的伞，替他们遮风挡雨，这一切对他们而言是理所当然的事。长大成人后他们可能会成为"啃老族"，依然吃父母的，住父母的，用父母的。还有那些所谓的"富二代"、"官二代"，他们完全不知道其父母拼搏奋斗的艰辛，只知道无尽地挥霍和享受。从不考虑如果离开父母，他们将一无所有，甚至连自己都养不活。

家长和教师应给孩子提供了解生活的艰辛的机会，引导他们学会自立、学会感恩。比如，带孩子去参观父母的工作环境，跟孩子谈生活的艰辛。鼓励孩子勤工俭学，让他们切身体验工作的现实情况，体会通过自己的努力得到报酬的喜悦。慢慢地他们会知道父母的辛苦劳累，会懂得疼惜自己的父母，会学着自己的事自己做，而不是一味地依赖他人。

（四）提高中小学生自信心，克服自卑

自信心是孩子成功与成才的前提条件，很难想象一个缺乏自信的人能够真正做成什么事情。一个缺乏自信、充满自卑的孩子，即使脑子非常聪明，反应非常灵敏，但在学习上稍遇困难和挫折就会对他人产生依赖心理。因此，引导中小学生克服依赖心理必须帮助他们树立自信心，克服自卑感。在平常的生活中让他们感受到自己的重要性。当他们在某些事情上表现很积极时，要给予肯定、赞许，从而激发他们不断地去尝试新的事物，鼓励他们去做那些他们一直想做而不敢做的事。另一方面要克服他们的自卑。多赞扬他们，告诉他们那些别人可以做好的事他们也可以。久而久之，他们会发现其实不依赖别人他们也可以做得很好，渐渐地他们就会习惯自己去独立地处理很多事，从而克服了依赖心理。

第五章　中小学生的不良情绪问题及疏导

第一节　中小学生情绪发展的特点

由于情绪对人类的适应及发展具有动力作用及组织功能,且与人类的心理健康和身体健康密切相连,因此了解中小学生的情绪发生、发展的特点及规律,并对其有针对性地进行教育和辅导就显得尤为重要。

一、小学生情绪情感的主要特点

孩子在学龄前期已经形成了各种非常丰富的情绪,入学以后,随着年龄的增长和人际交往范围的扩大,各种情绪又有了更进一步的发展。

1.情绪情感内容不断丰富。对入学后的儿童来讲,完成学习任务、取得良好的学习成绩是他们最主要的任务,这同时也是快乐和苦恼最主要的源泉。当取得了优异的学习成绩时,他们会感到快乐,相反,如果学习成绩不理想时,他们又会体验到痛苦。无论是老师还是家长,都很关心他们的学习,因此老师和家长的奖惩也与学习成绩有很大关系。学习成绩又间接通过老师和家长作用到学生身上,左右着他们的喜怒哀乐。儿童交往范围的扩大以及学校传授的知识的迅速增加,也逐步让他们的情绪情感内容不断丰富。

2.情绪情感的深刻性不断增加。与入学以前相比,小学生情绪情感更加深刻了。例如,同样是害怕,学前儿童怕的是小动物、黑暗、打针等,而小学生主要怕的是考试不及格、老师的批评、同学的疏远等。同样是愉快,学前儿童是由于得到糖果、玩具等,而小学生是因为考试成绩好、当上了少先队员等。而且,小学生的情感体验逐渐与一定的人生观、世界观、行为规范的道德标准等联系起来。比如,随着年龄的增长,小学生对人的评价已不再只是简单地区分为"好人"与"坏人",而是已能运用一定的道德标准评价人的行为。

3.情绪由不稳定逐渐向稳定过渡。低年级的小学生情感不成熟、容易变化,爱向老师告状;到高年级后,这种情况逐渐减少。小学生经过学校集体学习和生活的锻炼,控制和调节自己情绪的能力有所提高,情绪由最初的不稳定逐渐向稳定过渡。他们在一定的程度上能够抑制自己的愿望去完成教师的学习要求和任务。

尽管小学生与学前儿童相比有了不小的提高,但在情绪情感的丰富性、深刻性、稳定性、可控性方面,其整体水平仍然较低。

二、中学生情绪情感的主要特点

中学生的情绪情感与小学生的情绪情感相比较具有以下特点:

1.情绪情感更加丰富、深刻。随着学习、生活范围的扩大以及自我意识的觉醒,中学生发展了多样性的自我情感(如自尊心、自卑感等),而且两性情感(如对异性朦胧的爱慕)与社会性情感(如爱国主义、集体主义情感等)也日益丰富。

例如,对国家建设与民族前途的情绪体验、对个人前途与社会变革关系的情绪体验、对人与人之间关系的情绪体验、对学习重要性的情绪体验、对升学与就业的情绪体验等。随着中学生知识、经验的丰富和视野的开阔,他们的各种情绪体验也就更加复杂、深刻。

2.情感倾向趋于定型。情感倾向是指一个人的情感是针对什么性质的事物发生的。到了中学阶段,学生的情感倾向变得较为固定。自我意识的发展、世界观的基本形成,对中学生情感倾向的定型起着重要作用。

3.情绪的不稳定性。中学生的情绪不仅是强烈的,而且是不稳定的,容易从一个极端走向另外一个极端。在苦闷时,他们受到鼓舞则为之振奋;在热情澎湃时,他们受到挫折则容易灰心丧气。情绪的不稳定与此时期他们的生理和心理特点有关,也与家庭和社会上的某些因素有关,好胜心强与经验不足也是造成中学生情绪波动的原因。另外,身体的成熟也会给他们带来情绪上的一些扰乱。例如,女同学的月经、痛经,男生的梦遗等容易使他们的情绪紧张不安。情绪是否稳定是判断个体情绪是否成熟的一个重要标志。一个情绪稳定的人能够积极有效地调节自己的情绪,可以使自己在短时间内没有剧烈的情绪起伏,较少出现时而心花怒放、转瞬愁眉苦脸的情况,较少受情绪波动的影响,进而能够高效、快乐地学习和生活。

4.情绪的强烈性。"青年心理学之父"霍尔形容此时期是"疾风怒涛"时期,他们的情绪经常具有不可遏制性。他们常常因为一点小事就欣喜若狂、手舞足蹈,或者垂头丧气、无精打采,有时彼此之间只因为一句话不合就怒不可遏、拳脚相向。在正确的世界观与理智的支配下,他们能够怀着强烈情感取得较为突出的成绩,但如果他们被人利用,或卷入盲目狂热之中,他们强烈的情绪也会给社会带来很大的危害。因此,要注意加强对中学生正面情绪的引导,争取把情绪的强大能量转化为积极进取的动力,避免不良情绪的淤积。

第二节 考试焦虑情绪

"考考考,教学的法宝。分分分,学生的命根"。这句话生动而深刻地反映了考试在人们心目中的分量和地位。目前,在应试教育的指挥棒下,各种各样的考试心理问题便应运而生。考试焦虑是中小学生最常见的情绪障碍。考试焦虑不但影响学生的考试成绩,而且影响学生的身心健康发展。

一、中小学生考试焦虑的表现

《心理咨询大百科全书》中对考试焦虑的定义是:"考试焦虑是指在

考试状况下所出现的紧张、担心、不安、心痛、出汗等身心变化。"一般来说,考试过程中具有适度的焦虑,会使人处于适度的警觉状态,对学生产生一定的激励作用,使学生较好地发挥应有的水平,获得较为满意的成绩。但据心理学家研究发现,焦虑导致的是压抑,而不是刺激,考试焦虑只是一种弊大于利的负性情绪反应。对学生来说,过度的考试焦虑可导致心理紊乱,对学习有着极大的危害,甚至对学生的心理健康造成潜在的威胁。

考试焦虑可以体现在以下三个方面:

1. 自我认识方面:产生消极的自我评价,担心考试成绩不理想;

2. 生理方面:具体表现为心率加快、呼吸加剧、胃肠不适、多汗尿频等;

3. 行为表现:根据每个人性格特点的不同而有不同的表现形式。

这三个方面的表现常常交织在一起,因此,考试焦虑的外在表现是一种非常复杂的现象。

考试焦虑产生于学龄初期。在最早的考试焦虑中,其主要表现是不尽合理的自我期待、失败后的恐惧感以及对考试的消极认识。随着学生年龄的增长,如果其缺少必要的指导,这种焦虑会随之变得严重,到了中学阶段就可能成为学生考试行为困扰中一个突出的问题,导致学生缺乏自信,严重的甚至患上"考试焦虑症"。

已有研究表明,中学生考试焦虑状况不容乐观。综述近年已有的相关研究,大概有20%～30%的中学生存在考试焦虑问题,其中初三年级和高三年级学生的考试焦虑水平较高。这说明考试焦虑是中学生很为突出的问题,这与中学生面临的升学压力是一致的。

二、中小学生考试焦虑的不良影响

这种考试焦虑会妨碍学生真实学习水平的发挥,损害学生的身心健康,归纳起来主要有以下几方面的影响。

1. 阻碍认知活动

（1）分散注意力。焦虑使考生无法把注意力集中在试题上，而是容易受考场中各种各样干扰的影响。他们或东张西望，或不停摆弄试卷，或不停摆弄笔，尤其害怕监考人员来回走动或与其目光接触。如果再伴随着心跳加快、出汗、尿频等生理反应，势必使注意力处于阻断状态并导致考试无法进行下去。

（2）瓦解思维过程。由于焦虑情绪的困扰作用，会使过度考试焦虑的考生思维活动陷于僵化状态，回忆受阻，无法正确提取所需信息，而使更高级的比较、分析、综合、抽象、概括等思维能力也无法正常发挥，必然影响考试成绩。

2. 损害身心健康

（1）使机体的抵抗能力下降。由于焦虑水平过高，使得学生的食欲下降，失眠，抵抗疾病的能力下降，机体甚至出现超负荷所引起的紊乱状态，使大脑神经活动兴奋与抑制功能失调。严重的还能导致呼吸系统的疾病、内分泌系统功能失调、冠心病、糖尿病及精神疾病等。

（2）影响心理健康。过度的考试焦虑使人的心智操作效率降低，认知活动受到阻碍；情绪不稳，终日焦躁不安，自制力减弱，遇事好冲动，使个体的心理反应过于敏感，经常猜疑或挑剔，人际关系陷于紧张状态等等。

3. 影响学习成绩

过度的考试焦虑导致学生考试成绩失常，使得学生和教师无法根据考试结果准确评估学生的真实水平。而且一次考试失败、成绩没有考好，下次考试就更容易焦虑，过度的焦虑又会再次引起成绩失常。如此反复，形成了恶性循环，极易导致学生学习兴趣减弱，学习主动性降低，学习成绩下降。

三、中小学生考试焦虑的成因

(一)生理因素

1. 遗传特质

个体神经活动强度不同,情绪强度就不同。神经活动强烈,人就比较敏感,容易激动,就更多地体验到焦虑情绪。而神经活动具有遗传性,研究发现,大约15%的焦虑性神经症患者的父母和同胞兄弟姐妹也容易焦虑;大约50%的焦虑性神经症患者的孪生者会有类似的症状。此外,母亲在妊娠期间的营养不良、患病、吃药、抑郁、产伤等容易引起孩子神经系统的变异,可能会使其对环境刺激极易产生紧张反应。

2. 成熟水平

心理学家研究发现,在不同年龄阶段考试焦虑的水平高低不同,体现了生理成熟度对个体考试焦虑的水平有影响。小学低年级学生对神经兴奋和抑制的调节能力比较低,容易受环境的刺激而失去平衡,从而引起强烈的情绪反应。例如,取得高分的小学生会喜形于色,连蹦带跳;而得了低分的学生会垂头丧气,甚至可能放声大哭。这一时期考试焦虑水平较高。三、四年级以后,小学生控制自己情绪的能力有了一定提高,其考试焦虑的水平也有所降低。对初中生而言,由于性成熟对大脑垂体的影响使得神经活动的兴奋性较强,而抑制性较弱,致使其情绪表现比较强烈并具有较高的易感性,容易体验到较高水平的焦虑。高中生的兴奋和抑制过程基本平衡,可以控制焦虑情绪。

(二)心理因素

1. 认知评价

认知在情绪的产生中具有重要作用,对于外界刺激的评价会导致情绪的产生。有研究者提出,对应激源的评价可以分为两个阶段。第一阶段为初级评价,是指个体对外界刺激的评价;第二阶段为次级评价,是指对个体应对外界刺激能力的评价。如果次级评价错误,对个人能力的评价低于对考试难度的评价,则会引起个体持续性的应激状态,产生或加剧焦虑反应。如果次级评价正确,将有助于个体心理的内在平衡和情绪稳定,而减轻或避免考试焦虑的产生。因此,个人的认知评价对控制考试焦虑具有十分重要的作用。

2. 个性特征

人格是在遗传基础上通过一定环境和教育的影响逐步形成的比较稳定的个人特点。考试时容易焦虑的学生或多或少都具有"焦虑性人格"的特点。具有这种人格特征的人,容易"风声鹤唳""草木皆兵",倾向于夸大事情的严重程度,或者把本来没有危险的人和事视为对自己的严重威胁,从而形成高度紧张、焦虑、惶惶不可终日的状态。因此,教师应创设良好的师生关系和民主和谐的班级环境,降低学生形成"焦虑性人格"的几率。

3. 成就动机

动机是人行为的内部动力。耶克斯—多德森定律表明,适当的动机可以获得好成绩。但是如果动机水平过高,容易引发学生紧张、焦虑的情绪。美国心理学家奥苏贝尔把学生的动机分为认知内驱力、自我提高内驱力及附属内驱力。这三者的比例随学生年龄的增长而有所变化。在此理论基础上,研究者汪慧的调查显示,我国中学生的成就动机包括社会赞许动机、自我提高动机、求知动机和避免失败动机。被调查的学生中有43%的学生认为成就动机是影响他们考试焦虑的首要因素。

4. 自我期望

自我期望受学生自我意识的影响,即学生对现在自我的认识和将来想要成为一个什么样的人的影响。在中学阶段,学生正处于对自我的探索阶段。在此阶段,自我意识保障要求相对独立,自我意识的膨胀相对独立性,他们往往倾向于过高评价自己的能力,自我评价的偏高导致他们形成过高的自我期望。由于自我期望过高就会使学生过分看重考试,担心考试结果,患得患失,这样就会引发情绪高度紧张、焦虑,最终影响考试成绩。

5. 自我接纳水平

自我接纳反映了个体对自己的接受和满意程度,是心理健康的一个重要标准。能够自我接纳的学生一般对自己、对考试等有一个比较客观、正确的认识,所以一般不会体验到过度的焦虑。但是,自我接纳程度低的人往往对自己有过高的要求,而且一旦在考试中失利就会自责,这样就会导致过多的担忧和焦虑。专家通过考试焦虑问卷和自我接纳问卷的方式研究了高中生考试焦虑和自我接纳的关系。结果发现,自我接纳和考试焦虑之间存在显著负相关。高考焦虑者自我接纳程度低,自我评价低,自卑心理突出。而低考试焦虑者的情况正好相反。

6. 以往的情绪经验

以往的情绪体验和考试成败经历对个体未来的行为有很大影响。学生如果在前几次考试中有强烈的焦虑反应或不良的考试经验,那么这些消极情绪和经验就会存储到个体已有的经验结构中。在下次考试中,个体曾经有的情绪经验重新被唤起,从而对当前的考试产生消极影响,再次引起考生的情绪波动,使考生注意力分散、记忆力减退,形成更加强烈的考试焦虑,从而形成恶性循环。反之亦然。学生如果在以前的考试中有成功的经验和愉快的情绪体验,就会增强自信,容易顺利通过考试,形成良性循环。

(三)环境因素

1. 家庭环境

家庭环境是青少年健康成长最重要的环境之一,父母的期望对青少年的成长和发展具有重要影响。目前,中国的父母普遍存在着"考试是中心,考分为第一"的教育观念。父母渴望子女在学校中取得好成绩,考上重点高中、名牌大学。这给学生带来了巨大的考试压力,导致过度的考试焦虑。有研究者分析了在我国文化背景下家庭教育失误导致的考试焦虑。他认为,以下这些因素容易误导学生产生考试焦虑:第一,家长对子女期望值过高。当子女感到无法达到父母的期望时就会焦虑。第二,家长片面地追求学业成绩,不顾子女的兴趣爱好。第三,家长对孩子的管教缺乏民主。过于严厉的教养方式使子女对父母产生恐惧,以至于压力过大,导致焦虑。

2.学校和社会环境

目前中国的就业现状以学历、名校作为筛选的重要标准,而目前中国的高考录取标准还是以"一考定终身"的方式为主,因此社会和学校都把升入大学的比率、升入名牌大学的比率作为评价学校好坏的重要指标,以考试成绩作为评价学生的重要指标。这些都会导致学生对考试的作用和意义的误解,过分看重考试成绩,对考试产生焦虑和恐惧。专家认为,影响中小学生考试焦虑的因素主要包括:父母对分数的过分重视、教师对分数的过分看重、学校片面追求升学率、同学之间的竞争、考场内的紧张气氛等。

四、中小学生考试焦虑的心理疏导

根据学生考试焦虑形成的原因及表现,行之有效地对中小学生考试焦虑的心理进行疏导。

(一)搭建学校与家庭的桥梁

首先,应重视学校与家庭之间的沟通联系。定期召开家长会,汇报学生在校期间的基本情况,包括此阶段学生的心理状况,与家长密切配合,尽量帮助学生减压,引导他们正确对待学习的困难。另一方面,亦通过家长们的信息反馈,准确得知学生在家的思想心理状况,有的放矢地解决问题,以预防学生考试焦虑。

(二)优化课堂教学,创造和谐适度的学习气氛

课堂教学必须坚持贯彻"学生为主体、教师为主导、发展为主线"这

一教学思想,力求教得主动,学得主动,最终达到轻负担、高质量的目的。因此,要提倡启发式教学,在讲授过程中,力求充分调动学生主动学习的积极性,激发学生的学习兴趣。通过设疑、解疑、创造和谐的学习气氛,培养学生的兴趣、乐趣、志趣,充分调动非智力因素,提高学习内动力。

在学习训练方面,力求各科协同配合,合理分配作业时间,提倡精讲精练,让学生有充裕的时间消化知识,减轻学习负担,避免学生过度疲劳。要尽量考虑学生的接受水平,力求避免用刺激性较大的言语针对成绩较差的学生。帮助学生提高应试技能,加强对中小学生的考前指导。通过有系统的讲解、训练,让学生懂得各学科的知识结构特点、各类型试题的具体要求、考试时一般程序的应付方法等,力求使考生在考前有所准备,树立其对考试成功的信心。

(三)进行学习心理与学法辅导

1.考前自信训练

学校有必要在考试前进行动员。考前动员主要是要求学生端正动机、明确目的、消除紧张。通过动员,向学生们传授正确的观点,如考前出现紧张是很自然的事,但紧张过度会抑制大脑皮层,使过去已掌握的知识点记不起来,知识水平就会大打折扣,因此不应过分强调胜负成败,采取平常心对待考试。另外,最好还应从横向、纵向具体分析学生的知识水平,指出他们已有一定的学习实力,只要正常发挥水平,就能取得较好成绩,这样可以使学生正确调整期待水平,摆正自己的位置,"放下包袱,轻装上阵"。

2. 考前专题讲座

根据学生的具体情况,可重点选择"学习兴趣、学习记忆、学习疲劳、考试焦虑"等几个问题进行专题讲座,开展集体辅导,目的是让学生掌握与此方面有关的科学知识,调动学生非智力因素,克服自卑,提高自信,并从中进行学法辅导,使学生掌握正确的学习方法。对于学生产生的焦虑现象,可启示他们采用注意转移法、心理补偿法、自我暗示控制等方法来缓解紧张的情绪。

3. 应考技能的指导

正确的应考方法,是通向优异成绩的桥梁。有的学生费了九牛二虎之力进行复习,却因各种方法问题或疏忽遗漏,以致前功尽弃,实在可惜。进行应考方法的指导,让学生掌握正确的应考方法,可以帮助他们减少考试焦虑,保证考试成绩的稳定。

4. 应注意问题的提醒

(1) 考试前

①考前的复习要全面系统,这是在考试中取得好成绩的重要前提。

②在经过了模拟考试后,同学们会因为考试结果或欣喜、或焦虑、或泄气。如果同学们感到自己烦躁不安,那就把担心的问题一个一个地写在纸上,然后一个一个地把答案找出来,做到心中有数,并反复暗示自己不要紧张,我会应付这些问题。

③考试临近时,同学们会因为心理紧张而出现"记忆空白""知识虚无"的现象,这一时期同学们要积极进行自我调节,如通过体育运动的方式对情绪进行调节,这样可以降低焦虑。

④在备考中同学们要自始至终抓好"学习常规",要恪守"养兵千日,用在一时""台上一分钟,台下十年功"的信条,考前也要与平时的学习生活规律一样,增强自信,争取内在潜力得到充分发挥。

(2) 考试中

①别穿衣领、袖口太紧的衣服参加考试,这样会增加你的紧张度,宽松、舒适的衣服会使你感觉更好些。

②进入考场后不要理会别人的表情与反应,在自己的位置上坐好,把精力集中在考场里的某一个点上,凝视一分钟左右,什么都不要去想,让情绪稳定下来。

③试卷到手后,先总体浏览一遍,做到心中有数,特别是对待数、理、化,建议同学们先拣容易的题做,这样更容易克服考试焦虑。

④在考场中如有过度紧张的现象,就先停笔,坐直身体,双手平放在桌子上,轻闭双目,做一个深呼吸,放松过度紧张的情绪,然后再继续答题。

第三节 抑郁情绪

抑郁情绪就是抑郁心理,是中小学生较常见的一种心理失调症,是学生感到无力应付外界压力而产生的一种消极情绪。每个人都有感觉抑郁的时候,但如果情绪低落、思维迟缓、活动减少、容易疲劳、食欲和睡眠差等症状持续达两周以上,就意味着患上了抑郁症。抑郁症会给工作和学习带来不良影响,导致生活质量下降,而严重者往往会通过自杀等过激行为来寻求解脱。

一、中小学生抑郁情绪的种类及表现

随着社会压力的增大,目前有抑郁倾向的中小学生也越来越多。据联合国卫生组织研究预测,到2020年,抑郁将成为全世界引起死亡和残疾的第二位因素。抑郁症的平均发病年龄为25岁,大多发病于15~19岁及25~29岁的年龄段。青少年期的抑郁症发病率比儿童要高出3~4倍;抑郁流行率的性别差异也是在青少年期出现的,女生可比男生高出2倍,尤其是在13、14岁。中学生的抑郁率在25.5%~44%之间,这与西方青少年自我报告的抑郁症流行率在25%~40%之间相当一致,这种现状非常令人担忧。随着抑郁从儿童期发展到成年期,自杀观念流行率也在增加。抑郁在20世纪后期出生的同代人中有上升的现象,这种趋势在未来可能更明显。

与成年人的抑郁症病人比较,儿童、青少年抑郁症患者可能没有明显表现,但也会有一些异常,如情绪持续低落或变得十分暴躁,胃口改变,食量明显减少或增加,睡眠的规律也会改变,可能时常失眠或异常嗜睡,常感觉头痛、胃痛或其他部位的不适,但医生查不出原因;在行为方面表现得烦躁不安,或呆滞迟钝。

（一）中小学生抑郁情绪的种类

中小学生抑郁情绪与年龄因素密切相关,因此,可以根据年龄的不同阶段而划分为以下两种:

1. 学龄儿童抑郁

症状往往表现为长时间情绪不愉快、社会交往减少、睡眠障碍、易激愤、嗜睡、学习成绩下降、注意力不集中、记忆减退、兴趣减少、自我评价降低、自责、产生消极意念或自杀企图等。

2. 青春期抑郁

青少年抑郁症,主要表现为伤心、焦虑、失望;暴饮暴食或不饮不食导致体重变化迅速,夜晚失眠白天困乏;不喜欢交际,渴望换环境;反抗父母、逃学、成绩突然下降,似病非病,无端抱怨身体不舒服,吸烟、酗酒、性行为混乱;有自残、自杀念头和行为等。

（二）中小学生抑郁情绪的表现

1. 似病非病型

身体诸多不适,临床检查正常,类似成人疑病症。

2. 坦途无悦型

面对成功没有喜悦,却有忧伤和痛苦。

3. 不良暗示型

自我暗示、环境暗示、他人暗示,遇事总往坏处想。

4. 变换环境型

在学校里,对一些别人都能忍耐的人和事,自己却大为不快,频繁迫切地要求父母为其转学、换班级。

5. 逆反对抗型

逆反心理、对抗父母的行为出现,甚至出现过激行为,心理发育不协调,品行障碍突出。

二、中小学生抑郁情绪的成因

1. 学生的人格

心理学研究发现,依赖型学生和自我批评型学生比较容易出现抑郁倾向。如果一个学生是依赖型的,他就会迫切地想接近同学或老师,想和他们保持亲密的关系,想通过建立一种安全的人际关系来提高自尊。同时,这些学生迫切地希望自己被别人接受、理解,希望能够从别人那里获得更多的支持。如果这种心理上的需要得不到满足,他们就很容易产生无助感并且恐惧被人抛弃。自我批评型的学生与之相反,他们并不关心从别人那里获取什么支持,他们在学习与生活上有自己的标准,追求一种完美的终极结果,比如在学习上考第一、争取做优秀班干部等。这类学生的抑郁情绪往往来自和他人竞争的失败。如果失败了,他们会觉得自己无法掌控外部环境,无法从中获得成就感,会苛责自己,从而产生强烈的自卑感、罪恶感。前者期望通过亲密的人际关系认同自己,后者期望通过自身的成就认同自己,一旦期望落空,这两种类型的学生就很容易出现抑郁倾向。

2. 学生的归因方式

归因是指将行为或事件的结果归于某种原因,归因方式就是一个人经常出现的归因倾向。有抑郁倾向的学生往往会进行内部的、稳定的、全部的归因。内部的归因,比如觉得自己性格不好、很笨,会导致他自责、降低自尊。稳定的归因表明他认为问题还会持续,比如觉得性格改变不了、智力无法提高,暗示他类似的事情还会发生,这不是偶然事件。整体的归因会使问题扩展和渗透到生活的各个方面,觉得自己人际关系太差就会使他在和所有人交往时心存芥蒂,觉得自己很笨就会使他放弃在各个领域的尝试和努力。这种归因使学生觉得自己无论做什么努力都无法控制环境中发生的事件,感觉很无助,继而产生无望感,并丧失行动的动机,从而产生抑郁。例如,某个学生和好朋友闹矛盾了,他就会想:"都是我太不会说话办事了,这都是我性格的原因,改变不了,我不会和人打交道,人际关系太差了。"如果考试没有考好,他会觉得:"我太笨了,这是天生的,我做什么事情都很笨。"

3. 学生的自我认知

学生尤其是中学生正处于自我意识发展的阶段,心理学家认为,过分的自我关注可能导致抑郁。因此,学生的自我评价偏差也会导致抑郁的产生。中小学生正处于生理、心理的发展时期,心理结构尚不成熟,在社会化的过程中,难免对自己、他人以及世界的认识和评价出现偏离或歪曲。这就使得他们常常对自己做负向评价,无法对未来做出乐观的期望,从而导致抑郁等消极情绪的产生。

自尊心较强的学生,往往在学习和生活中独立性较强,具有较强的社交能力和较好的同伴关系,对自己的能力有一定的信心。而自尊心丧失的学生,在大部分时间内忧愁伤感,害怕参加社交活动,对自己的能力缺乏信心,害怕遭到别人的拒绝,常常处于孤独、无助与压抑的状态。许多心理学家认为,青春期是自我意识发展的第二飞跃期,特别是由于"自我中心"的再度出现,中学生的自尊心越来越强烈。另外,整个中学阶段学生的自尊是不稳定的,存在着极显著的年龄波动,这就意味着中学生会承受更多的情绪情感波动,更易产生抑郁。

4. 外部环境

(1) 家庭环境

不良的家庭教养方式,如过度溺爱、过度严厉、压抑孩子的情感表达等,都会影响学生的人格、归因方式、自我认知等,这使一部分学生成了抑郁易感人群。另外,在我国,"望子成龙"的思想在一些家长心中根深蒂固,他们不顾孩子的具体情况给他们制定不切实际的目标,以至于孩子在家中感受不到亲情和温暖,导致孩子抑郁。

(2)学校环境

教师不恰当的教育方式也是造成学生抑郁的原因。中小学生的心理发育尚不成熟。而教师迫于升学压力,往往过分关注学生的学业成绩,缺乏对学生心理健康的关怀,教师支持的缺失造成学生所获得的有效支持减少,当遇到压力及应激事件时,学生就会更加脆弱,尤其是对抑郁易感人群。此外,教师不当的言行有时也会成为"导火索"。例如,教师的一句"你真笨,怎么教都教不会"会给学生带来巨大的打击,伤害学生的自尊,长期的积累使学生产生"习得性无助感",从而导致出现抑郁问题。

(3)社会环境

学生并非生活在学校和家庭的点线之间,他们处在三维的社会中,社会发展过程中存在的重工业化和城市化的加速、生活节奏的加快、竞争压力的增大、贫富差距加大、新旧观念的碰撞所导致的心理冲突会对社会人群中脆弱的部分——儿童和青少年造成伤害。比如,学校和家庭总是教育学生要正直、诚实,但学生接触到的现实与其往往是天壤之别,这就会引起他们内心的迷茫与冲突,面对事情时无法抉择,产生无助感和厌世情绪。

三、学生抑郁情绪的疏导

1.规律生活,阳光心态

规律与安定的生活是疏导中小学生抑郁情绪最需要的,早睡早起,保持身心愉快,以愉悦的心情面对每一天,凡事都要抱着积极乐观的态度,可以增加个人生命的彩度与亮度。

2.接受阳光,积极运动

多接受阳光与运动对于有抑郁情绪的中小学生有良好的作用。多锻炼,多活动身体,可以使心情得到意想不到的放松;阳光可以或多或少改善一个人的心情。阳光是治疗抑郁的药引,锻炼则是抵抗抑郁的最佳药方。意大利的医生们认为,如果坚持每天早晨连续散步30~60分钟,让脸好好晒晒温暖的阳光,抑郁的心情会随之消失。

3. 广交朋友,培养爱好

中小学生应广交朋友,多参加集体活动。克服消极情绪,学会自信、乐观地看待一切。听欢快的歌曲,看喜剧电影,想快乐的事情,对抑郁心理有一定缓解。不要抑制自己的兴趣,培养多种爱好,热爱生活,快乐生活。

第四节 愤怒情绪

愤怒是人类的一种基本的、常见的情绪,我们对它并不陌生。我们每个人都曾发泄过愤怒,也曾面对过别人的愤怒。

一、愤怒情绪的表现

愤怒,《现代汉语词典》将其解释为"因极度不满而情绪激动",在英文中,"anger"是最普遍的用语之一,其愤怒的强烈程度不定,一般指恼怒或愤恨的情绪,这种情绪不一定表露在外。研究者们对愤怒的理解和界定不尽相同。愤怒是个体在感受到愿望受压抑、行动受挫折、尊严受伤害、遭遇攻击、羞辱的刺激下,所表现出的一种情绪体验。个人体验到这种情绪时往往伴随攻击、冲动等不可控制的行为反应。

愤怒包括主观体验、外部表现和生理唤醒三种成份。主观体验指个体对情绪的自我感受;外部表现主要体现为面部表情,典型愤怒的面部表情为皱眉、鼻孔扩张、鼻翼向两边扩展、牙齿咬紧、面孔赤红、嘴唇紧闭;生理唤醒主要指与情绪伴随产生的生理反应,比如心跳加快、瞳孔紧缩、呼吸紧促等。

二、愤怒的发展阶段

美国心理学家斯达等认为愤怒有一个发展过程,根据情绪发展的规律,可分为九个阶段。

1. 不满：愤怒情绪的开始阶段，此时的心理状态只表现为心怀不满、抱怨、不高兴，尚未形之于色。

2. 气恼：不满情绪逐渐积累，发展为憎恨、气恼，并形之于色，首先表现在眼神上，怒目圆睁，恨显于眼。

3. 愠：愤怒由眼睛转到嘴，用低声咒骂来表示对对方的愤怒，愤怒已经显于声了。

4. 怒：由不公开的咒骂发展到公开的对抗，公然斥责。

5. 忿：说话已不正常，声音激昂，语音改变，难以抑制，语调发颤，颈部青筋怒张。

6. 激愤：愤怒由眼而声到面，再发展到手颤气促，想动手打人毁物。不过尚有理智，想努力克制自己的鲁莽行为，避免发生不良后果。

7. 大怒：已经抑制不住，不由自主地指责对方，粗犷的动作伴随着污言秽语，愤怒的激情已经开始冒头。

8. 暴怒：出现对抗侵犯行为，已失去自控能力，犯罪的危险已迫在眉睫。声色俱厉，行为失控。

9. 狂怒：发展到不顾一切的敌对性狂乱，破坏力在逐步发挥出作用。

三、愤怒的危害

1. 有害身体健康

我国传统医学认为："喜怒不节，则伤脏，脏伤则病起。"一般说来，当人怒气横生、大动肝火时，由于交感神经兴奋性增强，促使心率加快、血压升高。因此，愤怒缠身，可使人的食欲降低、消化不良，出现消化系统功能紊乱。经常发怒的人易患心血管疾病，如高血压、冠心病等。

2. 有害心理健康

心理学认为，生气是一种不良情绪，是消极的心境，它会使人闷闷不乐、低沉忧郁，进而破坏人们相互间的友好关系，阻碍情感交流，导致内疚与沮丧。

3.损害人际关系

人在不愉快的时候,往往会发火,产生愤怒情绪,从轻微的烦躁不安,到严重的咆哮发怒,乱摔东西,甚至丧失理智。久而久之,成为一种习惯和惰性反应,变成一种侵袭人际关系的"癌症"。

4.不利于正常的学习和工作

人在发怒时,情绪不稳定,使人恍恍惚惚、心神不安。在这种状态下,人的工作、学习效率锐减,由于动作不协调,可能出现某些差错,甚至事故。

5.导致违法犯罪

中国青少年研究中心2011年的研究数据显示:2010年,14~18岁的青少年犯罪占全部犯罪的20%;在抢劫等暴力犯罪中,青少年犯罪更占到34%以上;在聚众斗殴和寻衅滋事等治安事件中,青少年占到55%以上。他们的犯罪行为往往是在愤怒情绪作用下进行的,不加控制地发泄愤怒情绪,是构成犯罪的重要原因。

四、愤怒的益处

达尔文认为,表现情绪的许多方式是最初具有某些生存价值的遗传模式。例如,人类祖先在捕猎、搏斗和防御时,其愤怒反应和愤怒表情,有助于他们战胜猎物或敌人;在认识和探索环境中,兴趣和好奇情绪驱使他们去发现新事物;恐惧情绪提醒他们回避危险。这些原始发生的基本情绪通过表情的外显反应,在人们之间进行交流和信息传递。

心理学家则提出,愤怒有时实际上是在帮助人作出较好的选择。即使是平常那些优柔寡断的人,也会得益于愤怒而作出较好的决定。原因可能在于,愤怒的人是把他们的决定建立于"真实情况"的线索上,而不是那些不恰当或分心的事之上。因此,与所激发出来的恐惧等其他负性情绪相比,只要把愤怒控制在爆发之下,愤怒还可以有助于提高人解决问题的能力,并能让人乐观。

五、中小学生愤怒情绪的成因

一般而言,愤怒的产生原因包括生理遗传因素、心理因素和环境因素。

1. 生理遗传因素起基础作用

对于那些天生易勃然大怒或者易无端攻击他人和社会的家族而言,他们很可能天生就携带着有缺陷的基因。愤怒是被定型化了的情绪,它会经常自动地表现出来。当然,在现实生活中,这种由于先天基因缺陷而导致的愤怒犯罪还是少数的。

2. 心理因素起主要作用

(1)具有暴躁、冲动、侵略的个性特征

个性特征是个体一种较为稳定的心理特质,对个体在情绪、行为等方面的表现具有重要影响,带有跨时间和跨情景的稳定性。有些容易发脾气的人往往具有暴躁、冲动、侵略的个性特点,尽管他们年龄在增长,经历的情境也在不断变化,但是他们很容易被各种人、事,伴着情境所激怒。

具有暴躁、冲动、侵略个性特征的学生,通常具有争强好胜、情绪不稳定、容易冲动、比较容易被激怒、不轻易服软等特点,别人的一句话、一个眼神、一个动作都有可能激怒他。他们耐受愤怒情绪的能力很差,倾向于以"见诸行动"的方式来暂时缓解内心的压力,可是这样的"见诸行动"常常会导致更加困难的处境,招致对手的报复反击。这样的学生被引发愤怒情绪的时候会比较多。

(2)幼年时的可怕经历对学生造成的心理创伤

当孩子感到处境危险,或经常独自一人,无人做伴,或见到别人受到伤害时,都会强烈地感到恐惧。在这种时候,由于过度惊恐或恐惧,他们几乎无法抗争。他们会退缩、发呆或漠不作声以求逃生。这些骇人的时刻会使学生留下深深的印记。在脱离危险后很久,他们仍会感到恐惧。

(3)学生的自尊受到伤害

自尊受到威胁或伤害,学生就会产生强烈的不安、焦虑或愤怒。从文化意义上来说,自尊与愤怒是紧密相连的。

(4)基本需要和欲望不能满足

不同的时期,不同的情境,人们的需要也必然是不同的,因此对幸福的理解和追求也不一样。所以,如果学生花费了很多的时间和精力在某件事情上,但是最终由于某种原因或是某某人而被破坏,肯定是要勃然大怒的。例如,李娜新穿的一件漂亮的纱裙,一进班级就被同学弄脏了。班长精心策划了很久的元旦晚会,由于某些同学的不合作而被破坏了,等等。

(5)一些不合理的信念和想法

①"夸大"思维。如果经常夸大事物的消极一面,那么过激的情感反应就会异常的强烈和持久。

②"应该"或"不应该"思想。许多人在内心深处都存有"应该"或"不应该"模式。当发现自己认为是"应该"发生的事而没有发生,"不应该"发生的事却发生了的时候,愤怒就会油然而生。

3.环境因素起重要影响作用

(1)不良的家庭成员相处模式

中小学生的很多心理品质和行为习惯都是在家庭环境中通过观察、模仿父母的心理、行为特点而形成的,并且在与父母的交往和互动中不断改进。在家庭环境中,家庭成员之间的相处模式对于学生情绪情感的养成具有重要作用,不良的家庭相处模式会为孩子形成暴躁、易怒等个性特征埋下隐患。不良的家庭模式有"纠缠型""疏离型""冲突型"等。在"纠缠型"家庭中,家庭成员彼此间的人际距离缩短、界限模糊,有较多的沟通和关怀,每个家庭成员都过分干预其他家庭成员的生活,可能阻碍个体自主性的发展;"疏离型"则是家庭界限过于僵化,彼此沟通困难,缺乏互相依赖以及情绪的相互支持；"冲突型"则以不断出现的冲突和敌对为标志。有研究者指出,大部分长期愤怒的人在孩提时代就遭受过愤怒的伤害。

(2) 遭受了不公平的对待

当学生受到不公平对待时,他们会迅速、强烈、高声地抗议,但并不想伤害任何人。他们的目的是要人倾听并争得公正。当遇到这种情况应任由他的愤怒爆发出来,听他说些什么,分析他所说的是不是有道理。如果愤怒的人得到倾听并得知有切实的补救方法,事情就会迅速了结,情绪也随之归于平静。

(3) 曾经内心深处的伤痛

愤怒的孩子看起来气势汹汹,其实他的内心是惊恐不安和悲伤的。一件很小的事会使他感到自己受到了严重威胁,而且他除了奋起反抗外别无选择。这种很小的不快可能会触发孩子很久以前的经历留下的恐惧感,尽管此刻他并未面对严重威胁,但他的行为正如那次一样,因感到孤独和惊恐作出自卫的反应,因此产生愤怒。有时实际的威胁并不存在,愤怒的孩子有时是在与一个不存在的敌人争斗,昔日的恐惧仍然缠绕着他。

因此,学生的愤怒可能有深层次生理和心理因素,也有后天环境的因素,更多的、更常见的则是来源于恐惧、悲伤和对不公正的情绪性反应。

六、中小学生愤怒情绪的疏导

(一)创设和谐、友好、安全的班级环境

1. 提供一个情绪上安全的环境

在和谐、友好、安全的班级环境中,才有益于形成学生良好的个性特质和健康的情绪,而且安全的环境对于缓解导致发怒和冲突的紧张局面来说至关重要。

2.学会情绪管理的技巧

我们要帮助学生学会一些可操作性的策略,比如说情绪管理的技巧。情绪管理的技巧就是培养学生学会识别情绪、合理地表达情绪和有效地控制情绪方面的能力和策略。

(1)了解即将发怒时的迹象。在愤怒发生时,同时还伴随心跳加快、呼吸急促、面红耳赤、鼻孔扩张等反应。

(2)允许适度地表达愤怒。愤怒是一种能量巨大的负性情绪。经常性地压抑愤怒容易导致抑郁、头痛、人体免疫力下降,但是毫无顾忌地发泄则会破坏人际关系,因此愤怒要适时、适度地表达。

(3)帮助学生寻找愤怒的原因。易怒的学生要学会寻找容易激怒他们的原因,分析原因,并学会反思愤怒原因的合理性,考虑设想下一次再发生类似事件的应对策略。

(4)寻找替代方法。观察一下导致学生气愤的事件,并讨论处理每种情况的办法。例如,如果有学生因为别人插队而忿忿咒骂,甚至大打出手,教师或咨询师可以建议学生在同样的事件再次发生时尝试使用一些建设性意见,而不是简单地用武力解决,然后比较两种处理方法的效果。

(二)善用有效的放松方法

1.肌肉放松法

肌肉放松法的原理和放松法的原理一样的。当个体有比较强烈的情绪反应时,可以采取这种方法让自己平静下来。下面介绍一种可以让人迅速平静下来的肌肉放松五步法。使用这种方法要注意摒弃所有杂乱的无关想法,这样有助于摆脱愤怒的情绪,快速进入放松状态。

第一步:坐在一张舒适的椅子上,从脚趾开始放松,直到你的头顶,感受你身体的每一部分是否都放松了。然后,在心中默念:"我的脚趾放松了,我的手指也放松了,我的脸颊、额头都放松了。"第二步:把你的心想象成是暴风雨中的湖面,波涛汹涌、浪花飞溅、声如洪钟。第三步:暴风雨过去了,湖面如同一面镜子般平静。第四步:想象你曾经看到过的最美丽、最幽静的景色。比如清晨寂静深邃的山谷,正午的森林,日落时的草原,在云朵中穿梭的月亮……让这些景色在自己的记忆中重新复活一次。也可以回忆你曾经闻到过的大海淡淡的咸味,花草阵阵的清香。第五步:把一系列表达安静、平和的字眼,比如"宁静""沉着""缓缓"等词轻轻地重复念出,并想象与之相应的音乐节奏。

2. 生理平衡法

除了放松法,还可以通过运动改变自己的情绪状态。

具体做法如下:

第一,双腿伸直,双脚交叠,双手手指交叉结合,反拗至胸口。步骤:(1)双手交叠,假如右脚在左脚之上,则右手亦在左手之上;(2)伸出手指,双手拇指向下,掌心对掌心;(3)双手手指交叉合掌;(4)双掌握成拳头向下再向胸口拉近并翻转向上直至紧贴胸口,眼睛下望可以望到手指。

第二,舌尖向上顶住上颚门牙稍后的地方,调慢呼吸。

第三,把全部注意力放在心脏上面,维持三分钟。

(三)改善应对方式

心理专家认为,人们的愤怒情绪大多数是由于沟通不畅造成的。同学之间、师生之间、亲子之间应当尽量创造机会心平气和地表达自己的意见,同时也给对方表达意见的机会,这样才能使双方更好地了解彼此。应对方式可分为消极应对方式、攻击应对方式和坚定而自信的应对方式。

消极应对方式的特点在于:个体不惜一切代价试图避免与他人发生冲突。攻击应对方式的特点在于:排挤他人,强硬地要求他人满足自己的欲望,如果欲望没有满足就会对他人实施惩罚。坚定而自信的应对方式:强调每个人都有表达自己正当需要的权利,这种清晰、直接而非攻击性的沟通往往带来最佳的结局,这是值得推荐给学生的。

坚定而自信的表达或应对包括三个成分:事实、感受和公平的请求。

1.客观陈述已发生的事实,敞开心扉,不要对他人进行判断和指责,这是减少愤怒的第一步;

2.承认自己真实的反应和个人的感受,让他人意识到他的行为对自己产生了怎样的影响,但注意不要让他人产生敌对状态;

3.说出自己的请求。确保请求有效的三个原则:首先,请求必须是具体的,具有可操作性的;其次,一次只提一个要求;再次,寻求行为的改变,而不是他人态度、价值观的改变。

(四)巧用各种情绪管理技巧

1.克制

在愤怒的时候,停下手中的事,深吸一口气,会对自己有极大的帮助。因为人在生气的时候,身体释放的肾上腺素会使心率加快、血压升高,这会使人想跑或是好斗。深吸一口气能使你的心率恢复正常,并向大脑发出不需要肾上腺素的信号。最初的10秒钟是至关重要的,一旦熬过了这10秒钟,愤怒便会逐渐消失。同时,运用内部语言暗示自己,心中默念"不生气",像林则徐一样,为控制情绪将"制怒"匾额悬于中堂,铭记于心,以提高自身修养。

2.让步

"退一步海阔天空",遇到使人愤怒的人和事,发怒只能逞一时之快,愤怒会招致更多的愤怒，而无益于问题的解决。而理智的让步，不仅让自己在心理上获得解脱，还会得到他人的谅解和同情，为自己下一步解决问题抢占了先机。

3. 升华

愤怒是一种具有强大能量的情绪，能够驱使人按照一定的想法去行动。因此，与其挥拳恶言相向，不如化气愤为干劲，在逆境中奋起。因此，人要善于支配自己的感情，把愤怒转化为力量，一方面能使自己做出一番事业来，同时也使自己在有所作为中得到解脱。这是较为超脱的智慧，而教师应将这种睿智赋予学生们。

4. 转移刺激

发怒时大脑形成一个强烈兴奋灶，使得注意力只集中在一个目标上。因此如果离开激发人愤怒的情境，换个环境，转移自己的注意力，胸中的怒火可能会逐渐熄灭。发怒时可以听听音乐，看场电影，进行某种文体活动等等，可使怒气烟消云散。

5. 换位思考

换位思考是指站在对方的立场看问题。同样的问题，如果你处于对方的立场上，你会怎么做、怎么想，那么你就会理解，使自己恼火的事情并非全是他人之过，也许真理在对方一边，过失在自己一方，表现出对对方的理解有助于双方更好地沟通和解决问题。教师应引导学生养成换位思考的习惯。

6. 恰当地表达自己的愤怒

愤怒是人的一种基本情绪，人生在世，不如意事十之八九，因此愤怒亦不可避免。既然愤怒不能不加节制地宣泄，也不能隐忍不发，那么就应该学习用积极的方式来体验和表达。

7.学会幽默

幽默有助于化解愤怒和矛盾,使人的内心变得平静。我们要有意识地学习幽默感和乐观的态度。

运用幽默战术时要注意:幽默不是一笑了之,而是要更好地面对问题;不要把幽默变为嘲笑、讥讽,否则,幽默会变质成为引发愤怒的导火索。

8.做逆向运动,比如微笑

当人被愤怒控制时,会做出许多让自己后悔的事情。遇到这种情况,即使是假装,也要微笑。因为微笑会创造奇迹。当你咧开嘴时,脑海里便会浮现一些愉快的事,所有器官从准备"战斗"的状态中获得解放,血液流速正常,心脏跳动节奏均匀,大脑供氧得到改善。如果说愤怒引来愤怒,那么微笑回报微笑。

9.大量饮用白开水

当人愤怒时,体内肾上腺素分泌量大大增多,使神经兴奋,人便会出现激动、瞪眼、出言不逊等反应。大量饮用白开水可降低体内肾上腺素的浓度,让人冷静下来,重新分析判断当时的情境,并思索解决对策。

10.写心情日记

如果你被认为是一个"容易发怒的人",那你不妨通过写心情日记来分析自己的愤怒。当你发怒时,真实地记下你动怒的确切时间、地点、事件以及表情、行为。在写日记的过程中,你会发现,在很多场合下,生气是没有充分理由、毫无意义的,你会不知不觉地做出改变。如果能长期坚持,也许你自己没有感觉到,但别人会真诚地告诉你,"你变理智了,成熟了。"这是中小学生可以并且能够做得十分出色的工作。

第六节 强迫心理

强迫型人格是指人在主观上感到某种不可抗拒和被迫无奈的观念、

情绪、意向或行为的存在。有强迫症状的人竭力想控制但又控制不了,想摆脱但又摆脱不掉。通俗的说法就是,有强迫症状的人对某一感觉特别注意并企图控制它,结果导致对这一感觉特别关注,使之变得敏锐起来,而这一敏锐的感觉越来越吸引注意并进一步固定于它,这样,感觉与注意形成精神交互作用,使之不断往复,循环不已,症状也越来越严重。

一、强迫心理的表现

强迫型心理现象是在人类发展过程中常见的现象,中小学阶段的学生普遍体验到强迫现象的存在。强迫现象的继续发展就是强迫症,虽然患强迫症的中小学生是比较少见的,但强迫现象其实是强迫症的一种临界状态,需要引起重视。

强迫型心理现象的表现虽然多种多样,但就其意义而言可以分为两类。一类是强迫观念,另一类是强迫行为。所谓强迫观念是指不由自主地反复思考某一问题,形成固定的观念。这种观念是不必要的、反复出现的、本人想消除而无法消除的观念。如一名高中生出身于贫困家庭,家庭经济状况不好,他就想着要努力读书以改变自己家庭的经济面貌,让父母过上好日子,虽然明明知道光这样想对学习、生活毫无用处,但控制不了自己,只能不停地思考。强迫观念分为强迫回忆、强迫怀疑、强迫联想、强迫穷思竭虑和强迫对立思维等。强迫行为是对强迫观念的行为反应,是表露在行为上的可以看到的固定的行为,它可分为强迫洗涤、强迫检查、强迫计数、强迫仪式动作等。例如我们出门前反复检查煤气是否关好、门窗是否关闭等。

强迫现象再发展就是强迫症。在强迫症上,女生更多表现出以整齐、清洁内容为主,而男生在检查、重复的内容上较突出。当然这只是表面的区分,在现实中,有些人既是检查者,又是洗涤者,这些学生深受困扰,严重影响了自己的学习和生活。

强迫症倾向的自我诊断。根据最近一周以内的情况和感觉对以下14个问题进行评定:

(1)头脑中有不必要的想法或字句盘旋。

(2)忘性大。

(3)担心自己的衣饰不整齐及仪态不端庄。

(4)感到难以完成任务。

(5)做事必须做得很慢以保证做得正确。

(6)做事必须反复检查。

(7)难以做出决定。

(8)反复想些无意义的事。

(9)注意力不能集中。

(10)必须反复洗手,清点数目。

(11)反复做毫无意义的仪式动作。

(12)常怀疑被污染。

(13)总担心亲人,做无意义的联想。

(14)出现不可控制的对立思维、观念。

评分标准分为5级:没有评为0分;很轻评为1分;中等评为2分;偏重评为3分;严重评为4分。评分方法:将各条目的分值相加,总分超过20分,有强迫症倾向,建议到精神科或心理咨询门诊做进一步检查确诊。

二、强迫心理形成的原因

1.生理因素

(1)遗传:家系调查发现,强迫症患者的父母中有约5%~7%的人患有强迫症,远远高于普通人群。艾·里维斯曾提出强迫症是一种原发现象的观点,即强迫症的症状表现,受文化因素影响较小,在世界各国不同的文化背景下,只有强迫症这个类别是最稳定的。

(2)生化:有人认为强迫症患者由于5-HT神经系统活动减弱导致强迫症产生,用增多5-HT生化递质的药物可治疗强迫症。

2. 人格因素

强迫型人格的特征是:胆小怕事,谨小慎微,优柔寡断,严肃古板,办事井井有条,力求一丝不苟,注重细节,反复推敲,酷爱清洁等。人格特质在一定程度上受到遗传因素的影响,在强迫症的发生中起到了一定的作用。

3. 心理社会因素

中小学生,尤其是中学生,作为处于发育期的青少年,生理发育迅速,当与竞争激烈的社会交往出现不适应现象时,会引起强迫症状的产生。学习紧张、家庭不和睦等会使患者长期紧张不安,容易诱发强迫症状的出现,因此,症状的内容与学生面临的心理社会因素的内容有一定的联系。意外事故、家人死亡及受到重大打击等也使学生焦虑不安、紧张、恐惧,诱发强迫的产生,因此,强迫症状的表现形式与精神创伤有直接的联系。强迫症的心理社会因素是中小学生较常见到的,也是可以预防和矫治的。

现实中的矛盾诱发心理焦虑形成强迫的具体原因可能是多方面的,但其中一个实质性原因是,强迫症状常被作为一种转移矛盾、回避现实、心理防御的手段得以产生和巩固起来。出现强迫症状的中小学生,几乎都是在现实中出现了难以化解的矛盾冲突,特别是出现了适应性困难,这种状况使学生产生了严重的焦虑状态,感到身心不安。这时,学生极易把自己对现实问题的焦虑和担心转移到对某一种强迫症状的担心和焦虑上。

4.情绪因素

按照精神分析的说法,强迫观念和强迫行为有时跟引起焦虑的思想、情绪有一种象征性的关系,它也可能是一种自罪感或害怕惩罚的表现。此外,强迫观念和强迫行为的出现使得个体免于受到焦虑的思想袭击,避免威胁性的记忆。

5.挫折情境

随着现代社会竞争的日益激烈,家庭对孩子的要求也日益增高,在强迫人格特质的作用下,部分学生出现长期的慢性应激和焦虑状态,在学校的竞争中更容易处于下风而体验到挫折感。在挫折情境中,学生常常自我封闭,甚至出现不稳定的情绪,心中的痛苦和烦恼的堆积,使得某种思想观念反复地自我体验、不断自我加强,于是重复某种想法来降低和缓解焦虑,长此以往就造成了强迫的出现。

三、强迫心理的疏导

1.塑造健康人格

塑造健康人格可以预防和缓解学生的强迫症状。针对"乐群性"低的人格特征,可以从发展学生良好的人际关系入手,使其体验到人际交往的乐趣;针对"世故性"低的人格特征,可以调整学生对人生和世界的刻板、幼稚的看法;针对"敢为性"低的人格特征,可以培养学生一定的情绪外射和宣泄能力,以此达到心理平衡,而心理平衡能够提高情绪的"稳定性",降低"忧虑性"和"紧张性";针对学生强迫型人格思虑多而行动少的特点,在行为方式方面注重"有恒性"和"自律性"的培养,通过有成效的活动改善强迫症状。在塑造健康人格的过程中,尤其应该对挫折耐受力和人际交往能力方面的培养予以强化指导,老师和家长更要以身作则,建立周围良好的人际关系,以开朗、乐观的态度感染学生,使其树立信心面对未来的挑战。

2. 树立信心、培养爱好

鼓励中小学生对自己进行正确的评价,树立信心,克服强迫症状。应该鼓励学生多参加集体活动,多与外界接触,培养学生恰当的兴趣、爱好,如唱歌、跳舞、听音乐、爬山、打球、跑步等,以转移对强迫症状的注意力,减少不必要的疑虑。

3. 认知治疗技术

在中小学生的思维内容中具体形象成分仍起主要作用,而自我发现问题的抽象能力是有限的,要及时地指导以便让学生少走弯路。对此,认知治疗技术能起到有效作用。

索科斯基提出:当一个人把他的杂念当作有潜在危害的现象对待,并认为自己对这种危害负有责任时,这些思维可以变成强迫思维,导致焦虑的增加,他会进而采取外显或内隐的抵抗去减轻焦虑。所以关键的因素是伴随某个人的思维而自动出现的消极想法(消极的下意识联想)。里德提出:强迫症与其被认为是情绪障碍不如说是认知障碍。强迫观念病人表现出丧失了自发控制内心世界、使用抑制过程及从一种精神反应转入另一种精神反应的调节能力。因此,治疗的基本目标应是重新分配注意力、恢复认知过程的平衡,建立一个更合理、更灵活的思维世界。根据自律训练方法,可以训练学生学会控制自己的焦虑程度,让他们观察和记录自己的强迫思维,并用建设性自我评价去取代强迫思维。

第六章　中小学生的不良行为及疏导

第一节　撒　谎

　　撒谎是指诉说与事实不相符的情况的行为。诚实守信,是中华民族的传统美德,也是做人的一个起码的准则。只有诚实才能获得别人的信任。可是,在现实生活中,中小学生的撒谎行为却是常有发生,而且他们通常都能瞒天过海,骗过老师和家长。对这种现象,很多时候家长和老师往往觉得无能为力,不太严重的就听之任之,不闻不问了,但是很明显,这样做是没有好处的。

一、中小学生撒谎行为的表现

　　中小学生撒谎行为从表面上看似乎很简单,但动机很复杂。根据撒谎动机的不同,我们可以把撒谎分为以下几类:

　　1. 防卫性撒谎

　　防卫性撒谎是指为了保护自己免受痛苦而进行的撒谎行为。在中小学生的撒谎行为中,防卫性撒谎占的比例相当大。例如,有些学生因为考试没考好,不敢把试卷拿回家给家长签名,怕回家挨打挨骂,于是就自己冒充家长签名,应付老师的检查,这是在学生中最常见的一种防卫性撒谎的行为。

　　2. 牟利性撒谎

　　牟利性撒谎是指为了获取物质和其他利益而进行的撒谎行为。这类撒谎的动机是利用谎话来骗取金钱、财物、名誉等,来满足自己的需要。对于很多中小学生来说,当他们产生经济方面的迫切需要,而这种需要又无法通过正常途径获得满足时,他们就有可能撒谎,用编造的"正当理由",从父母那里获得金钱或者其他物质利益。当孩子想要某样东西而父母无法满足他们的时候,他们就有可能编造谎言,例如说学校要收钱买复习资料等等,通过这样的方式来达到原有目的。

3. 恶作剧性撒谎

恶作剧性撒谎是指为戏弄他人而进行的撒谎行为。中小学阶段正是学生爱玩爱闹的阶段,一些学生就经常用一些恶作剧来戏弄别人,从别人的反应中获得畸形的满足。如果一个班级恶作剧成风而不加制止,它不仅影响班内的团结而且还会助长其他的不良风气,对青少年的成长没有好处。

4. 报复性撒谎

报复性撒谎是指为了对别人进行报复而进行的撒谎行为。这种撒谎的动机是利用撒谎对别人进行报复,发泄对别人的敌意、愤怒等情绪。例如,平日两个学生张明和杨磊有矛盾,张明怀恨在心,总想找机会报复,一次偶然的机会他发现杨磊在和别人打架,在没有了解真实情况的前提下,他就赶到老师跟前,指责杨磊的不是,并颠倒黑白,混淆是非地说了很多和事实不相符的话,企图"陷害"杨磊,这种落井下石的做法便是报复性心理的一种体现。

5. 幻想性撒谎

幻想性撒谎是指把幻想表述为事实的撒谎行为。这种撒谎的动机是表现在自己头脑中的幻想内容。这种撒谎的内容不一定是恶意的或者有害的,甚至可能是学生创造性思维的表现,所以要区别对待。

二、中小学生撒谎的成因

撒谎这种现象在中小学生中是相当普遍的,我们每一个成年人在回忆自己的学生时代的时候,都能或多或少地回想起自己曾经因为一些事情而撒的谎,那么,导致中小学生撒谎的原因又有哪些呢?

1. 学生主观内部原因

(1)由于年龄特点造成的撒谎

学生随着年龄的增长,会为了维护自尊、形象而撒谎。例如,一个一向学习成绩都比较好的学生有一次考砸了,为了不让家长知道,回家后告诉父母说考得还不错,而家长也认为自己的孩子一向诚实,而且成绩确实也不错,因此也没有多问,但是不知不觉中就被孩子骗了。

(2)为了达到引起成人注意、怕受批评而推卸责任等目的而撒谎

人难免会犯错,但为了逃避可能受到的批评和惩罚,他们就会想方设法来掩盖事情的真相。尤其是当他们第一次撒谎顺利过关以后,他们可能会一发不可收拾,久而久之,就会形成习惯性撒谎。有的学生生性好动,做事情喜欢与众不同,他可能为引起别人的关注而不惜用撒谎的方式,就好比"狼来了"中的小孩子,以撒谎骗人为乐趣。

2.客观外界的影响

(1)成年人的不诚实行为是导致中小学生撒谎的重要原因之一。成年人对于孩子来说就是权威,担负着言传身教的重任。然而,一旦成年人撒谎而又被孩子察觉的话,那么孩子就会认为,爸爸妈妈都说一套做一套,那我也可以。例如,父亲带着儿子出去打麻将,回家后为了避免挨骂,就在妻子面前说是带儿子去看电影了。类似这样的行为在我们看来好像无所谓,但是对于孩子而言,不仅起到了一个"榜样"的作用,而且还会破坏父母在孩子心中的形象。

(2)不当的教育方式也是导致中小学生撒谎的一个重要的原因。教育方式的好坏直接会影响中小学生的未来发展。研究表明,学生的撒谎行为大多是由于不当的教育方式造成的。就如前面曾提到的父母期望过高,一旦孩子达不到要求就棍棒相加,为了免受皮肉之苦,孩子在不得已的情况下,只好撒谎来蒙混过关。

(3)社会环境中夹杂的不良信息也是导致中小学生撒谎的原因。生活在当今信息社会的学生无时无刻不在接受来自社会各种渠道的信息,这些信息有好有坏。对于中小学生来说,他们的心智还在发展过程中,对事物缺乏一定的是非判断力,加上他们是一个好奇心很强的群体,在这样的环境中,他们容易看到坑蒙拐骗的事情发生,以至于认为撒谎没

什么大不了的。这些都是值得我们去深思的。

三、中小学生撒谎行为的疏导

（一）预防性疏导策略

1. 正面疏导

要想尽量减少学生的撒谎行为，在平日就要对他们进行诚实教育，并在说服教育的过程中注意方式方法，尤其是中小学生这个年龄阶段，是比较叛逆的阶段，如果单纯地进行说理是很难让学生听进去的，关键是要让学生体会到诚信对一个人的重要性。

2. 杜绝撒谎的源头

跟任何事情一样，撒谎这个不良的习惯也是日积月累后逐渐形成的，而且当习惯形成以后要纠正起来就比较困难了。俗话说：学好三年，学坏三天。因此，抓住孩子的第一次撒谎并善于引导和教育显得尤为重要。因为如果他们第一次撒谎侥幸过了关，那么他们撒谎的胆子就会越来越大，水平也会越来越高，纠正起来也就越来越困难。关心学生动态发展，出现不良情况要及时制止并加以引导教育，把这些不良行为扼杀在萌芽阶段。

3. 道德法规教育

中小学生的道德法制观念还不强，因此，除了相关的学生守则、行为法规外，还要学习相关的法律，即道德法规教育，教育其要认真对待积少成多的谎言，以免铸成大错，当然也应区分撒谎跟违法犯罪之间的关系，教导学生明白"勿以恶小而为之，勿以善小而不为"。

（二）即时疏导策略

1. 引导学生检查并纠正自己错误的观念

中小学生的很多想法还很不成熟，他们的很多行为问题都是因为一些不正确或者说是非理性的观念所致。教师要引导学生检查出自己的错误观念，并适当地给予正确的引导，不断冲击学生非理性的观念从而让学生能建立新的理性观念，继而使他们改正自己的不良行为。

2.建立良好关系,接纳学生

当学生出现撒谎行为的时候,教师主要是以正面引导为主,建立良好的师生关系,不能排斥、鄙视、呵斥学生,要接纳学生,真诚善意地帮助学生改正错误。

3.进行"家庭辅导",与家长紧密合作

当学生出现了撒谎行为以后,单方面靠学校解决是很困难的,因为通常学生撒谎的对象是家长,撒谎的场所大多是在家里,如果仅仅在学校控制了学生的撒谎行为,回到家中,家长不加以教导的话,那是没有效果的。因此,学校教育要想取得比较好的效果,离不开家庭教育的配合,学校应与家长取得联系,共同协商,紧密配合。

第二节 逃 学

逃学,有时又称为旷课,是指学生未经允许,尤其是未经校方的批准,没有正当理由而没有上学。逃学是学校教育中常见的问题,也是最令老师头痛、家长痛心的一种行为。

逃学往往导致辍学,多次逃学的学生可能会养成习惯性逃学,与集体关系疏远,对老师和同学产生抵触情绪。逃学也为学生产生不良行为提供了机会,因为绝大部分学生由于涉世不深很容易成为坏人教唆犯罪的对象,所以逃学常常同违法犯罪行为紧密相连。近年来,由于家庭、学校以及社会等多方面压力的影响不断增大,青少年逃学现象比例有不断提高的趋势,这给我们的家长和教育工作者敲响了警钟。

一、中小学生逃学的成因

(一)心理不佳

1.心理健康水平较低

美国教育心理学家富兰德森认为心理健康是有效学习的基础。低水平的心理健康状况是导致学生讨厌学习,甚至产生旷课、逃学行为的一个重要原因。

2. 人格特征不良

与一般中小学生相比,具有孤独、抑郁、敏感、神经质、沉默寡言、悲观、个性倔强、脾气怪僻、性格内向、懦弱胆怯、情绪不稳定、适应能力差等不良人格特征的中小学生更易产生厌学情绪和旷课、逃学行为。这是因为不良的人格特征会影响到中小学生高级神经活动的强度、灵活性和平衡性,使他们的知觉、记忆、思维功能受到阻碍,智力活动的积极性受到压抑。最终导致他们从事紧张的智力活动时极易疲劳,注意力极易分散,反应迟钝,学习效率下降,进而丧失学习兴趣,产生害怕上学、讨厌学习的旷课、逃学行为。

3. 人生观、价值观不成熟或不正确

中小学阶段正是人生观和价值观形成的时期,人生观和价值观的不成熟和不正确,也容易导致旷课、逃学。例如,有的学生人生目标不明确,对前途、理想很淡薄,不懂得热爱生活,没有责任感、义务感,"做一天和尚撞一天钟",感到学校生活很无聊、乏味,甚至是痛苦,于是恍恍惚惚地打发时光,不愿意去上学,更愿意躲在家里或在校外娱乐场所寻找乐趣,获得精神寄托。特别是在当前激烈的升学竞争中,中小学生如果感到自己升学无望时,就会认为"学习不学习一个样""去不去学校一个样""去学校也没什么意思,去了受罪又难过",倒不如溜出学校自在。

(二)学业不良

大多数中小学生逃学是由于学习因素造成的,主要包括以下几点:

1. 学习压力大

学习上的压力,主要来自学校和家长两个方面。学校在"应试教育"指挥棒下导致学生超负荷,无休止地上课、补课、考试,试题太难,作业太多,缺少文体活动,当这些情绪体验出现而学生未及时疏导就容易导致逃学。

2. 学习成绩差

学习成绩差的学生,尤其是有升学压力的中小学生往往会受到老师、同学的嘲笑、讽刺、冷落、责怪和否定，这不可避免地伤害他们的自尊心，致使他们心灰意冷，丧失努力学习的自信心，觉得自己在学校是一个丧失尊严和毫无价值的人，从而对学校产生厌恶情绪。

3. 厌学

综观所有有逃学行为的中小学生，其中一个普遍的原因就是厌学或对学习不感兴趣，至少也是阶段性的不感兴趣。厌学是引发逃学的首要因素。

4. 学习适应能力较差

当学习环境发生重大变化时，如升级、留级、换班、转学等，需要学生有一定的适应能力。而有些学生缺少足够的适应能力，容易在学校遭遇痛苦、失望、挫折和打击等不愉快的情绪体验，使学生容易逃学。

（三）家庭氛围不良（书中其他章节有叙述）

（四）学校教育忽视学生需求

从某种角度上说，是学校把一部分学生推出了校园，造成学生逃学。

1. 教学方法单一、枯燥

个别教师教学方法单一、枯燥乏味，只注重说教，不知引导和互动，"满堂灌"的方法造成课堂死气沉沉，气氛压抑。无法吸引学生。

2. 忽视学生需求、潜能

由于片面追求升学率，学校或教师往往容易在客观上忽视中小学生个性的正常发展和正当需求，压抑中小学生潜能的发挥。有的学校不重视甚至取消体育、德育、美育、劳动技能等课堂教育，从而使部分学习成绩差但是其他方面优异的中小学生受到压抑。

3. 学习生活单调、乏味

学校把中小学生封闭在狭窄的生活空间，只有单调的读书生活，没有精彩纷呈的课余生活，没有自由选择的时间，成年累月，学生忧心忡忡，便会产生"学习厌恶症""学校恐惧症"。

4. 教育价值观陈旧单一

学校教育价值观陈旧单一，片面追求升学率，在升学考试这一指挥棒的统一号召下，学校教育被简单化为应考教学，升学教学。由于教师的荣誉和利益直接与其所任课的考试成绩挂钩，这就从客观上误导了教师的教育行为。于是，教师自觉或不自觉地以成绩高低为标准衡量学生好坏，从而把主要精力集中在少数成绩好的学生身上，放松甚至放弃对多数学生，特别是学习成绩较差的学生的教育，使他们成为教育的弃儿。

5. 教育方式陈旧、不当

少数教师由于自身的素质偏低，加上及格率、优秀率、升学率的压力，他们对在学习上暂时有困难的学生或"不听话"的学生往往采取经济制裁，甚至是高压政策，怒斥、责骂、歧视、讽刺、挖苦和体罚，伤害了学生的心灵，使学生如同惊弓之鸟，以致选择逃学方式来"叛逆"。

另外，在学校中也有一小部分学生拉帮结派、恃强欺弱，使得胆小怕事的学生在受到欺负或恐吓勒索时，既不敢反抗也不敢告诉老师或家长，于是有的干脆不去上学，躲在家里或到处闲逛。

（五）社会环境的不良影响

社会环境的不良影响，包括新"读书无用论"、日益恶化的社会风气和社区环境、社会规范的失调等，这些都是中小学生逃学的社会原因。

当前，由于高校扩招，大学生、研究生人数骤增，致使学历贬值，就业竞争日益激烈，就业不理想，于是部分中小学生认为读书无用，不如弃学打工挣钱。

二、中小学生逃学行为的疏导

（一）提高中小学生的学习兴趣

1. 灵活运用教学方法

苏联著名教育家苏霍姆林斯基说："任何优秀的教师必须是一个善于激起学生对自己课堂感兴趣、确立自己课程吸引力的教师。""如果教师不想方设法使学生产生情绪高昂和智力振奋的内心状态就急于传授知识,那么这种知识只能产生冷漠的态度,而不动情感的脑力劳动就会带来疲倦,没有欢欣鼓舞的心情,学习就会成为学生的负担。"课堂教学是学校的主要教学形式,因此各学科的教学方法应力求灵活多变,用各种方法帮助中小学生明确学习目的,并充分强调学生的参与,变"要我学"为"我要学"。教师要刻苦钻研教材,充分备课,精心设计教学过程,灵活运用教学方法,提高学生学习的趣味性与教学效果,使学生觉得学有所用。可以采用辩论、演讲、讨论、讲故事等多种方法,使学生精神饱满,思想活跃,积极参加教学活动,在寓学于乐中完成学习任务。

2.让学生体验获得成功的喜悦

由于过难或过易的教学内容都不易调动学生学习的积极性,因此,教学难度要适中,提出的问题和布置的作业应该是学生通过努力能够达到的。苏联著名心理学家、教育学家维果茨基提出:教师应把教学要求设置在学生思维的"最近发展区",即跳一跳摘得到的高度。因而,教师在教学过程中如果能够面向全体学生,分层教学,分类指导,将教学的深度、广度设置在他们各自的"最近发展区"内,就容易调动学生的学习积极性,使学生各有所得,人人都能在个人的水平基础上增长思维能力、解题能力,品尝成功的喜悦。实验表明,当学生学会、弄懂所学的课题时,他们必定有一种获得成功后的快乐。当学生享受到创造性活动成功的喜悦时,就能强化他们的学习动机,这种快乐就形成了他们对学习感兴趣的内部动力。

(二)引导中小学生掌握正确的学习方法

中小学生逃学的主要原因是学习成绩差,学习成绩差的部分原因是由于没有掌握正确的学习方法,为此需要教师的指导和帮助。教师清晰准确地告诉学生"鱼"与"渔"的区别,让学生讨论,引导学生认识获取知识方法的重要性。此外,教师必须注意"渔"的技能形成和内容的传授。

(三)提倡激励教育

重视名人轶事的激励教育,引导学生克服困难、热爱学习。

（四）建构融洽的师生关系

常言道："亲其师，信其道。"融洽的师生关系直接影响学生的学习情绪，师生心理相容能提高教学效果。为此，教师要努力优化师生关系，增进相互间的尊重理解，更好地促进教与学。首先，由于教师的态度对逃学学生是否继续留在学校至关重要，所以教师必须增强责任心，勇于承担自己应尽的职责。如果教师对逃学学生推卸责任，不仅会削弱教师为挽回学生而投入的努力，影响教育干预的效果，而且还会给学生以不被重视的印象，这将加重他们对学校的疏离感、厌恶感和孤独感，从而进一步将他们推向社会。其次，教师要高度重视逃学中小学生的返校行为。教师不能简单地将逃学行为视为问题行为，不能简单地给予严厉的责备和处罚，更不能歧视、放任、漠视，甚至采取"隔离处理"的手段。对于逃学归来的学生，教师之间、教师与家长之间要通力配合，要发挥集体的感召力和影响力，帮助他们克服学习中的困难，改善他们不利的社交处境，提高他们的自信心。最后，教师对逃学学生的辅导要持之以恒，不能急于求成。最重要的是，要表达对学生的信任，相信学生能够认识自己的问题，促进其自我觉醒。

（五）丰富中小学生的校园文化生活

爱因斯坦说"兴趣是最好的老师"，兴趣是推动学生进行学习的内部动力，是影响学生学习自觉性和积极性的直接因素。一般来讲，逃学的学生对学习不感兴趣，但对课外活动兴趣颇浓。因此，教师要仔细分析逃学学生的"兴趣点"，尽可能多地给他们提供有益的课外活动，让他们学有所乐，学有所得，要懂得"舍得"，给逃学学生发展兴趣的机会、时间和空间。

（六）积极争取家长的配合

帮助中小学生克服和矫治逃学行为，必须通过多种途径积极争取家长的配合。父母对孩子的期望、教养态度、教养方法以及父母关系对孩子心理和行为的影响很大。家庭是人生的第一所学校，是学校教育的基础和重要补充。要取得家长的配合，必须促进家长的参与，拓展家庭的功能,充分发挥家庭教育的作用。只有学校教育和家庭教育互相配合、互相支持,才能促进中小学生健康全面发展。

(七)对中小学生的要求要切合实际

每位教师都期望自己能够多培养出几个"尖子生",也都期望自己的教学取得优异成绩。但是,中小学生的素质、能力、学习基础等是参差不齐的。因此,教师对学生的期望和要求要与他们的学习基础、素质、能力、兴趣等相匹配。反之,教师的要求和期望如果过高,会给学生造成巨大的心理压力甚至使学生惧怕进步。

同样,每一位家长都希望儿女成材,因此,教师也要引导家长在对待子女的问题上从实际出发,不要苛求,应合理地分析子女的素质、兴趣、爱好、能力,在哪方面占有优势,在哪些方面存在不足,建立一个合乎子女本身特点的期望值,引导子女努力克服不足,发挥优势。此外,教师要帮助家长积极引导学生,让学生明白行行都能出状元,做什么工作都能成为有用之材。这样,学生能够积极向上,热爱学习,即使一时成绩逊色一点,也不会因此自暴自弃。

第三节 吸烟、饮酒

中小学生吸烟、饮酒是一个让人们苦恼的社会问题。造成中小学生吸烟、饮酒的原因是多方面的,但是各因素的影响力是不一样的。例如,有调查表明中小学生吸烟的影响因素中,社会因素占38%,家庭因素占26%,学校因素占13%,自身原因占23%。吸烟的中小学生中有69%出于好奇心,13%出于追求时髦。

一、中小学生吸烟、饮酒的原因

(一)心理迷失

1. 好奇心理

好奇是人的天性,它既可以激发个体求知探索、发现创造的欲望,也可以引发个体尝试某些不良行为的念头。尤其是步入青春期的中小学生正处于人生第二个独立和反叛期,他们的自我意识高涨,往往在心理上产生成人感,对成人和社会规则持有反叛和对立的态度,觉得自己已经不是小孩子了,同时对各种事物都充满了好奇,凡事都想试一试。他们模仿性强,自制力差,于是不少中小学生在好奇心的驱使下,萌生了尝试吸烟、饮酒的念头,甚至把吸不吸烟、饮不饮酒当作是成熟与否的划分标准,由此染上吸烟、饮酒的恶习。

2. 交往心理

我国民俗以烟、酒、茶待客是大部分家庭的传统习惯。在当前不良社会风气的影响下,人们为了办事顺利,联络感情,不得不以烟酒引路。把烟酒作为社会交往的敲门砖,这对中小学生产生了潜移默化的不良影响,致使有些中小学生认为,烟酒可以增进人际交往,使人产生亲近感,提高办事效率,致使烟酒成了人际交往的黏合剂。因而,具有吸烟、饮酒有助于社交这种认识的中小学生尝试吸烟率和饮酒率明显高于没有这种认识的中小学生。

3. 虚荣心理

一些中小学生模仿影视剧中明星吸烟、饮酒的镜头,认为这样时髦、潇洒、有魅力、有个性。有的女生认为,男生吸烟、饮酒是成熟、洒脱、稳重的表现。尤其是青春期的中小学生很在意异性对自己的认识和评价,很注重自己在异性心目中的形象,所以不少男生就在这种心理的暗示、鼓励下,为赢得女生的好感而吸烟、饮酒。还有的男生原本不吸烟、饮酒,但看到同学和朋友吸烟、饮酒,觉得自己不这样做显得很另类、不合群,甚至低人一等,于是便加入其中。

4. 人格因素

中小学生吸烟、饮酒与其人格特征紧密相关。具有反抗性、冲动性、攻击性、自尊感较低、无助感较强、容易焦虑和抑郁、遵从友伴的倾向较强的中小学生容易吸烟、饮酒。

5. 消愁心理

中小学生涉世不深,社会经验不足,往往对社会抱有较高的期望值。

由于主客观方面的原因,中小学生不可能事事随心所愿,难免会遇到生活、学习、人际交往等方面的挫折和失败,出现心理失衡,陷入苦闷之中,而烟酒可以麻醉神经,使人忘却痛苦,解脱烦恼,获得暂时的心理平衡和快乐。于是,他们便借烟酒消愁,以逃避现实,获得精神上的暂时解脱。

6. 逆反心理

《中小学生日常行为规范》第37条明确规定:珍爱生命,不吸烟、不喝酒,不滥用药物,拒绝毒品。学校就此制定了相应的规章制度,教师和家长也时常提醒和教育中小学生,但是由于中小学生的逆反心理比较强,便故意反其道而行之。他们认为这样做比较刺激,有冒险的乐趣,是勇敢、潇洒的表现,是对教师、家长和学校的挑战和反抗,于是出现了越禁越吸的怪现象。

(二)同伴的不良影响

同伴对中小学生吸烟、饮酒行为的影响至关重要,学生更愿意和同伴相处,也更愿意接受同伴的"友招",同伴吸烟、饮酒的行为和态度时时刻刻感染着学生。

(三)家庭生活环境不良

家庭是中小学生主要的生活环境。父母的态度、行为等往往成为孩子"无声"的榜样。父母的吸烟、饮酒行为,父母对吸烟、饮酒的态度,父母的文化程度,父母对孩子吸烟、饮酒的态度,父母的亲密度,父母的监控水平,家庭类型等因素均与中小学生吸烟、饮酒相关。

(四)学校氛围较差

对中小学生而言,学校类型、学校风气、学校亲密度、教师行为、学生学习成绩以及校园人际环境等均可影响学生某些行为问题的发生。与成绩优秀的中小学生相比,在学校表现不良的中小学生更容易产生吸烟、饮酒以及其他精神活性物质滥用的行为问题。

(五)法律、法规监管不力

鉴于烟草、酒精对未成年人的巨大伤害,我国专门制定了法律法规,禁止向未成年人出售烟酒,禁止未成年人吸烟、饮酒,然而现状不容乐观。

例如,1991年6月29日颁布的《中华人民共和国烟草专卖法》第五条明确规定:"国家和社会加强吸烟危害健康的宣传教育,禁止或者限制在公共交通工具和公共场所吸烟,劝阻中小学生吸烟,禁止中小学生吸烟。"1999年11月1日实施的《预防未成年人犯罪法》第15条规定:"任何经营场所不得向未成年人出售烟酒。"2005年11月,我国商务部在新颁布的《酒类商品零售经营管理规范》中明文规定:"酒类经营者不得向未成年人出售酒类商品,且须在营业场所显著位置予以明示。"2007年6月1日起施行的《未成年人保护法》第四章"社会保护"第三十七款中也明确规定:"禁止向未成年人出售烟酒,经营者应当在显著位置设置不向未成年人出售烟酒的标志;对难以判明是否已成年的,应当要求其出示证件。任何人不得在中小学校、幼儿园、托儿所、教室、寝室、活动室和其他未成年人集中活动的场所吸烟、饮酒。"但是,由于烟酒类市场缺乏有效的监管、商家缺乏自律、法律法规操作性和实践性方面存在不足等原因,除少数烟酒类专卖店和厂家专营网点严格执行上述规定外,未成年人仍能在各大商场、超市、餐厅、娱乐场所、售货摊、便利店、食杂店购买到烟酒。有的商场、超市、餐厅、娱乐场所、售货摊、便利店、食杂店即使柜台上放置了"禁止向未成人卖烟"和"禁止向未成年人售酒"的告示牌,也只是摆设而已。

二、中小学生吸烟、饮酒行为的疏导

(一)提高中小学生对吸烟、饮酒危害性的认识

学校要加强对中小学生吸烟、饮酒危害性的宣传教育,让中小学生认识、了解吸烟、饮酒的危害性。既可以在生理卫生课中添加有关吸烟、饮酒危害性的内容,也可以通过录像、动画、小品表演、板报、宣传海报、专家讲座、漫画大赛、知识竞赛、宣传画、小册子、校园网、讲故事、歌谣、电话咨询热线等方式向中小学生宣传吸烟、饮酒的危害,提高他们对吸

烟、饮酒危害性的认识。

(二)增强中小学生抵制不良诱惑的能力

"近朱者赤,近墨者黑。"绝大多数中小学生是在他人的诱导下开始吸烟、饮酒的。因此,教师要关心学生周围的成长环境,关注中小学生交往的人群,帮助中小学生提高辨别是非、利害的能力,培养他们坚强的毅力,增强他们抵制不良诱惑的能力。

(三)教导中小学生掌握科学的戒烟、戒酒方法

1. 戒烟方法

(1)主动戒烟十二法

①观察烟味对人的呼吸、衣服和室内空气造成的危害。

②考虑一下你的行为对其他成员造成的危害,他们正在呼吸被污染了的空气。

③问自己你的健康对你的父母、亲朋是否重要。

④将想购买的物品写下来,按其价格计算可购买香烟的包数。逐日将用来购买香烟的钱储存在存钱罐中。每过一个月,清点一次钱数。

⑤同朋友打"赌",保证戒烟。当然,这要用自己的烟钱作为"赌注"。

⑥不整条买烟。

⑦特意在一两天内超量吸烟,使人体对香烟的味道产生反感,从而戒烟;或在患伤风感冒没有吸烟欲望时戒烟。

⑧想象自己在吸烟,同时想象令人作呕的事情(比如你手中的烟盒或香烟上有痰渍等)。

⑨将戒烟的原因写在纸上,经常阅读;如有可能,尽量补充新内容。

⑩每周换一种牌号的香烟,但新牌号香烟的焦油含量必须低于原牌号香烟的焦油量。

⑪经常思考烟雾中的毒素可能对肺、肾和血管造成的危害。

⑫不随身带烟、火柴或打火机。

(2)药物治疗法

缓释盐酸安非他酮、尼古丁口胶、尼古丁吸入剂、尼古丁鼻腔喷雾剂和尼古丁贴片五种一线药物可以帮助中小学生戒烟。中小学生在利用药物尝试戒烟的过程中,必须有坚强的意志和戒烟的毅力与决心,否则容易因为意志不坚定而导致戒烟失败。著名作家杰克·伦敦说过:"戒烟最容易,我戒过一千次。"这说明他是个戒烟失败者。伟大的革命导师列宁也曾是一位烟瘾不小的烟民,但是他立志戒烟,坚持的结果就是成功了。

2.戒酒方法

(1)写作法

中小学生通过写作可以巩固学到的知识。写作的形式既可以是与饮酒有关的资料的读后感或观后感,也可以是作文、书信等。例如,教师可以鼓励中小学生给饮酒的亲戚朋友写信,向其介绍饮酒的危害。

(2)小组活动法

小组活动法是将饮酒的中小学生组成一个小组或让全班同学参加关于饮酒的调查,调查的内容包括饮酒的危害性、饮酒的影响因素、戒酒的措施等方面,通过亲身实践,可以改变中小学生不正确的观点、态度和行为。

(3)公开承诺法

公开承诺法是与写作和小组活动相关的活动。例如,教师可以让学生写一份"不要饮酒"的倡议书或公开信,并让每个学生在全体同学面前宣读。这样,全体同学能够监督个体的言行,提高学生戒酒的效果。

(4)厌恶疗法

厌恶疗法是一种帮助人们(包括患者)将所要戒除的靶行为(或症状)同某种使人厌恶的或惩罚性的刺激结合起来,通过厌恶性条件作用,达到戒除或减少靶行为出现的目的。这一疗法也是行为治疗中最早和最广泛被应用的方法之一。在临床上多用于戒除吸烟、吸毒、酗酒等行为,也可以用于治疗某些强迫症。

厌恶刺激可采用疼痛刺激(如橡皮圈弹痛刺激和电刺激)、催吐剂

(如阿扑吗啡)和令人难以忍受的气味或声响刺激等,也可以采取食物剥夺或社会交往剥夺等措施,还可以通过想象作用使人在头脑中出现极端憎恶或无法接受的想象场面,从而达到强化厌恶刺激的目的。

第四节 网络成瘾

随着互联网的日益普及,我国网民人数迅猛增加,目前全国的中小学生网民数已经达到5800万,占总网民比例的1/3。其中,一些中小学生由于无节制地使用网络,影响了正常的生活和学习,损害了身心健康,这种情况被称为网络成瘾。网络成瘾也称病态互联网使用、互联网成瘾障碍、互联网依赖等,是指在无物质成瘾物作用下的上网行为冲动失控,表现为因为过度使用网络而导致个体的社会、心理功能损害。

一、中小学生网络成瘾的具体表现

对网络的操作时间失控,而且随着兴趣的增强,欲罢不能,难以自拔,即使多次努力控制或停止上网也无济于事;上网时间不断延长,早上起床后就有一种想立刻上网的冲动;网上的内容反复出现在梦中或想象中,整日沉溺于网上聊天或网络游戏,而忽视了现实生活的存在,人际关系淡漠,经常感到孤独、失落、忧伤、思维迟钝、精力不足。网络成瘾的中小学生同时还会伴有明显的躯体症状,如头晕眼花、失眠头痛、紧张焦虑、食欲不振、视力下降等。目前,我国中小学生网络成瘾的问题日渐突出,已经成为一个不容忽视的社会问题。

二、中小学生网络成瘾的原因

1. 网络本身的诱惑力

网络本身具有匿名性、便利性和逃避现实性的特点,为中小学生无所顾忌地置身于网络提供了温床,诱使学生沉溺于网络。所谓匿名性指人们可以在网上隐藏自己的真实身份,可以畅所欲言,发表自己的观点、意见和建议,而不会有任何顾虑。便利性指用户足不出户,就可以方便、快捷地获得各种知识、信息和服务等。逃避现实性指个体遇到挫折、不顺心的事而产生苦恼、烦闷之时,可以通过网络寻求安慰,借助网络发泄心中的愤恨、不悦等。

2.家长对子女的教育缺失或不当

中小学生沉迷于网络,家长负有不可推卸的责任。家庭是孩子成长的摇篮,家长是孩子成长过程中第一任也是最重要的一任老师。然而,许多家长教育子女的方式不当,如有些家长在发现孩子上网成瘾后,采取粗暴制止的方式,不仅无济于事,而且会对孩子的心理造成伤害。还有的父母因忙于工作,忽略了同子女的情感沟通,或由于"望子成龙、望女成凤"给孩子过大的压力,都是导致子女沉溺网络的原因。至于特殊家庭,如争吵不休的、再婚组合的、单亲家庭等,这些家庭的孩子因为缺少关爱很容易受到网络垃圾的诱惑。

3.学校网络教育缺乏

中小学生沉迷于网络不能自拔,学校也有一定的责任。按理说,学校是学生获取知识的主要场所,学校教育的终极目标是促进学生成长、成才。但是,虽然我国目前实施素质教育,但由于高考指挥棒的作用没有改变,致使绝大部分学校以考试为中心,高度关注学生的学习成绩,而忽视其心理成长需求,长时间的枯燥学习难免会使中小学生产生厌烦情绪,特别是当学生在学业上遭受挫折而又得不到父母、老师的安慰和鼓励时,为宣泄心中的苦闷,逃避不愿面对的现实,他们很容易到网上寻求刺激与安慰。

科学的迅猛发展,促使中小学信息技术迅速普及。现在,绝大部分学生都会使用电脑和网络。判断力不强、自制力弱、辨别能力不足的学生,面对网上的各种诱惑,如果得不到老师的正确指导,他们稚嫩的心灵就有可能被不健康的内容侵蚀和腐化。此外,如果学校缺乏必要的思想教育、挫折教育、人生观与世界观教育、网络道德教育,缺乏精彩的学生主题网站和频道,满足不了中小学生成长和学习的需要,也会导致学生网络成瘾。

4. 网吧监管不力

网络迅速普及,上网人数激增,网吧遍布大街小巷,为中小学生上网提供了便利条件。2002年,我国颁布的《互联网上网服务营业场所管理条例》明确规定:"国家对互联网上网服务营业场所经营单位的经营活动实行许可制度。未经许可,任何组织和个人不得设立互联网上网服务营业场所,不得从事互联网上网服务经营活动。""文化行政部门、公安机关、工商行政管理部门或者其他有关部门及其工作人员,利用职务上的便利收受他人财物或者其他好处,违法批准不符合法定设立条件的互联网上网服务营业场所经营单位,或者不依法履行监督职责,或者发现违法行为不予依法查处,触犯刑律的,对直接负责的主管人员和其他直接责任人员依照刑法关于受贿罪、滥用职权罪、玩忽职守罪或者其他罪的规定,依法追究刑事责任;尚不够刑事处罚的,依法给予降级、撤职或者开除的行政处分。"但是,政府主管部门对网吧仍缺乏有力监督和管理。据报道,我国无证和证照不全的网吧占总数的30%,有的地方甚至达到50%以上。不少网吧在经营中疏于管理,管理人员缺乏必要的专业技术,法律意识和网络安全意识淡薄。有的网络运营商、游戏开发商、网吧经营者以利润最大化为目标,忽视了自身所承担的社会责任。

5. 个人因素

上面介绍了中小学生网络成瘾的客观原因,其实不良的客观环境只是中小学生网络成瘾产生的外部条件,而中小学生自身因素才是网络成瘾的内因,也是其沉溺于网络的主要原因。中小学生之所以网络成瘾,除与具备比较丰富的网络知识有关外,还与以下生理因素和心理特点密切相关。

(1)神经中枢的异常状态

由于长时间使用电脑网络互动,神经中枢持续处于高度兴奋状态,引起肾上腺素水平异常增高,交感神经过度兴奋,血压升高,植物神经功能紊乱,长此以往可能会引起不同程度的生理疾病和心理依赖,而这些刺激往往只有在上网后才感觉得到了缓解,由此形成恶性循环,导致进一步的网络依赖最终成瘾。有研究显示,长时间上网会使大脑中的多巴胺水平升高,从而令患者呈现一段时间的高度兴奋。同毒品的效果相似,长时间上网会使人体产生一系列复杂的生理和生物化学变化,从而产生网瘾。患者初期只是表现为对网络的精神依赖,久而久之则可能发展为身体上的依赖。

(2)病态心理

①幻想性

如果中小学生长期沉浸在精心构筑的幻想世界中,他们的角色和性格是极其易变的,并可能产生病态的沉醉。由于一些中小学生感到在现实生活中无法进行正常的人际交往,他们便会在网络世界里建立虚拟的人际关系,使这种幻想性的病态心理加重,因此,沉溺于网络而不能自拔。

②人格障碍

具有厌倦、孤独、内向、害羞、敏感、忧郁、警觉、低自尊、低自信心、喜欢独处、高社交焦虑、社交技能差、自我控制失调、倾向于抽象思维、不服从社会规范等人格特征的中小学生,往往容易从网络中寻找到自己心灵的归属和释放情绪的场所,并且乐在其中。

③追求时尚

中小学生自主意识增强,思想激进,好奇心强,精力充沛,接受新事物快,对外界保持强烈的认知欲望。网络是他们便捷、快速地获取各种知识、信息的有效工具,如果某个中小学生不会上网,对网络一窍不通,自然会被他人嘲笑。因此,对时尚的追求、攀比也是导致中小学生网络成瘾的重要原因。

④受挫心理

现实生活中,每个人都会遇到挫折,中小学生同样难以避免挫折或失败。由于中小学生人生阅历浅、经验少,认识事物多停留在直观、表象的层面,承受挫折、逆境的能力和自我控制的能力都比较低,而网络所营造的"虚拟世界"恰好迎合了中小学生的这些特点及心理需求。

另外,中小学生身心正处于发育阶段,还没有形成完善的认知能力,他们也有渴求安全、与人交往、社会认同、社会支持、自我实现等需要,当其需要不能得到满足而又得不到他人的理解与认可时,他们感到迷惘、困惑和痛苦,为了逃避现实生活的打击,他们往往沉溺于互联网,在网上寻求理解、尊重和认可。例如,网络游戏可以使他们宣泄自我、实现自我,网上聊天可以给他们提供倾诉的空间和对象,因而更加容易造成中小学生网络成瘾。

三、中小学生网络成瘾的疏导

1. 教育学生正确认识网络

要引导网络成瘾的中小学生认识到网络的正确用途。学校应指导网络成瘾的学生运用网络获取学习资料,为学习和生活提供便利。网络是一把"双刃剑",既可以给中小学生的学习和生活带来便利,促进中小学生的自我发展,满足中小学生缓解压力和交流的需要,但使用不当也会给中小学生带来负面影响。因此,教师要指引学生认识到网络成瘾的危害性,帮助他们对网络做出客观、正确的评价,调整非适应性认知,进行认知重组,增强他们对摆脱网络成瘾必要性的认识和自觉抵制互联网使用消极影响的能力。

2. 加强和完善校园网的建设

学校要发挥网络技术优势,师生共建校园网,建立中小学生教育阵地,充分发挥校园网的引导与教育功能。学校要积极吸引网络成瘾的中小学生参与校园网的建设,充分发挥他们的优势,让网络成瘾的中小学生在营建积极、健康、正面的网络内容的过程中,体验到网络带给个体的喜悦、成就感和自豪感,从而帮助他们端正上网动机,加强网络道德自律,培养坚强的意志品质,树立自觉管理自己上网时间的意识,进而达到自觉抵制网络不健康内容的目的。学校还应定期更新校园网的内容和形式,加强校园网的监管,提升校园网的品位,为中小学生的健康成长营造绿色网络环境。要将网络与教学结合起来,组织健康有益的网络活动。

3. 开设网瘾戒治论坛

让成功戒治网瘾的中小学生在网站论坛上发表自己的戒瘾心得、体会和经验,畅谈戒瘾后学习进步的收获和未来的美好憧憬,并与网络成瘾的中小学生以发帖的形式进行戒瘾互动,帮助网络成瘾的中小学生树立戒除网瘾的信心,激励成瘾中小学生加速戒治,尽早投入到正常的学习与生活中。这样一方面可以巩固成功戒除网瘾的效果,另一方面也鼓励更多存在网络成瘾问题的中小学生积极配合戒治,尽快恢复正常的学习生活。

4. 进行心理治疗

戒除网瘾作为一次心理"脱敏"的过程,是十分痛苦的。心理治疗具有普适性,可使网络成瘾的中小学生产生积极的心理防御机制,从而帮助其斩断对网络的迷恋。心理治疗与一般的心理咨询不同,执行计划、开展训练必须在明确的承诺和有效的督促下进行。

(1)制定目标,设计计划,采用强化的方法改变网络成瘾行为

制定奖惩条例加以提醒、约束、强化诱导,控制上网的时间和次数。采用强化法时,可以适当运用奖励和惩罚的方法,一旦发现网络成瘾的中小学生上网时间和上网次数减少,积极给予奖励、表扬和肯定;一旦发现网络成瘾的中小学生上网时间和次数增加,立即给予惩罚、批评。

(2)以快乐而有规律的行为训练来转移网络成瘾学生的注意力

心理治疗的过程中,鼓励网络成瘾的中小学生积极参加各种健康、快乐的社会活动、体育锻炼、文娱活动等,通过上述活动增强其社会生活参与度,以释放、消除和宣泄心理压力与孤独、寂寞、忧郁等不良情绪,转移对网络的注意力,培养其他方面的兴趣,增强自我调节与自我控制的能力,改善心境,帮助网络成瘾的中小学生树立摆脱网瘾的信念,矫正错

误的上网动机。

(3) 自我欣赏与他人赞美

对于中小学生来说,欣赏与赞美都是必要的,因为有激励的效应蕴涵其中。教师可以要求网络成瘾的中小学生欣赏、品味并畅谈自己上网以外的成功时刻与喜悦,挖掘并赞美其与上网无关的优点,让他们找回真实的自我。

(4) 对比网络成瘾前后的自我状态

通过这样的对比,旨在调整认知,使网络成瘾的中小学生明确认识到网络成瘾的危害,进而探究网络成瘾的原因,理性分析和从容面对现实中的矛盾,并积极自觉地接受网瘾戒除治疗。

第五节　盲目追星

追星是中小学生中普遍存在的现象。据调查,大约有85%的中小学生有崇拜的明星。其中,有一部分中小学生甚至达到了狂热和痴迷的地步。盲目追星是指中小学生对影视、歌唱、体育等各路明星的过度爱慕、追求、崇拜和迷恋。

一、中小学生盲目追星的表现

有些中小学生整日毫无节制地整日沉浸在对明星的关注和幻想之中,并由此对明星产生身心依赖。他们把能与歌星、影星、球星、笑星等明星见面、签名、留影、聊天等作为人生的全部内容和唯一追求。为了追星,他们一意孤行,不惜荒废学业,浪费青春,牺牲亲情、友情乃至健康与生命。中小学生因盲目追星而发生的人间悲剧并不鲜见。

2003年4月1日晚,张国荣跳楼自杀。消息发布后的第二天,巴南区南泉的一名17岁少女就辍学,从此三年足不出户,不管什么人来找她,她都闭门不见。2005年12月17日,在周杰伦广州演唱会上,17岁的瘫痪少年周枫服下了30粒安眠药,后经抢救脱险。经了解得知,周枫自杀的原因竟然是因为没有希望见到周杰伦,他坚持认为"为周杰伦死值得"。

2007年3月25日夜,发生了震惊全国的"杨丽娟事件"。兰州疯狂追星女杨丽娟因为不满足于只与偶像刘德华留影纪念,致使其年近七旬的老父杨勤冀跳海自杀。杨丽娟自1994年15岁时因为梦见了刘德华,便开始了其长达13年的漫漫"追星之旅"。她"专职"追星,不上学,不工作,足不出户,每天除了欣赏刘德华演唱会VCD外,就是从各种娱乐杂志上剪贴刘德华的相片。除了父母,杨丽娟几乎没有其他说话的对象。13年里,一家三口三次赴港、六次进京追"华仔",倾家荡产。为了实现杨丽娟与刘德华见面的梦想,父亲杨勤冀甚至想卖肾来筹措路费。

二、中小学生盲目追星的原因

1. 明星的吸引力

社会心理学研究表明,能力、外貌、报酬、相似、互补、邻近、熟悉等因素大大影响人际吸引的程度。影视、广播、报刊、杂志、音像制品、网络等大众传播媒介对明星的"形""声""事"等加以高频率、大容量、立体式的包装、宣传,使得他们能在短时间内家喻户晓、童叟皆知,这就为盲目追星的出现准备了社会前提条件。

能力是影响人际吸引的重要因素。一个人的能力大小与使他人喜欢的程度高低有密切关系。一般说来,在其他条件相当时,一个人越有能力就越被人喜欢。正是因为明星们有能力、有才华,所以才引起中小学生的崇拜,上述调查中70%的中小学生喜欢明星的才华,说明才华和能力既是中小学生崇拜明星的主要原因,也是影响人际吸引的最主要因素。

2. 模仿心理

中小学生追星大多数是出于有意识的模仿。这是因为中小学生具有表演性人格,也就是说"舞台上的自我"。所谓"舞台上的自我"是指个体无论何时何地都感觉到自己是众人注目的焦点,所以他们对自己的衣着打扮、言行举止十分在意,感觉自己如同是舞台上的明星,受到万众瞩目。中小学生渴望自主,期待展示自我,希望自己成为大家关注的中心,而各路明星恰恰是舞台上的主角,他们通过舞台展示自我,吸引了无数追星族的"眼球",进而形成狂热的崇拜。无论是明星的一言一行、一举一动,还是明星的穿着打扮,似乎都能成为一种时尚,引导一种潮流,代表一种精神。所以,中小学生为了能与明星趋同,达到相似的"舞台"效果,他们也亦步亦趋,想方设法地模仿明星的行为举止、着装打扮等,力求与明星相同。

3. 爱恋心理

进入青春期后,中小学生生理上逐渐走向成熟,第二性征逐渐明显,逐渐萌发了对异性的好奇和向往,他们通常感情细腻、敏感、丰富,容易动情并因此而陷入感情的漩涡中。他们在困惑、羞怯、茫然中开始萌发对异性朦胧的爱恋。然而,由于青春期所特有的羞涩等心理的影响,其与异性交往时往往表现得特别的紧张,甚至以一种反向的交往形式出现,借以掩盖其内心的向往。同时,由于受我国传统文化中"男女授受不亲"等思想的影响,中小学生异性之间正常的交往基本上处于一种真空状态,正是这种真空状态的出现,增强了中小学生对异性的好奇感,以至于几乎每个中小学生都有自己理想中的"白马王子"或"白雪公主"。而那些帅气、漂亮、被传媒精心包装美化了的明星自然而然就成了他们理想中的"佳偶",加之其脱离现实生活的舞台形象,往往让涉世不深的中小学生形成一种完美的印象,进而成为其意念中爱恋的对象,有时甚至会达到疯狂的程度。

4. 归属心理

人本主义心理学创始人马斯洛提出了著名的"需要层次理论"。他认为,人的需要是由以下五个等级的需要构成的:生理需要、安全需要、归属和爱的需要、尊重的需要和自我实现的需要。这五种需要都是人们最基本的需要。这些需要是与生俱来的,它们构成了不同的等级或水平,并成为激励和指引个体行为的力量。中小学生需要面对的最主要问题是归属和爱的需要。由于生理和心理发展的原因,中小学生正处于一种"心理断乳期"。此时,中小学生对父母的依恋和认同逐渐减少,自主性和独立性增强。他们与同伴的关系越来越密切,一些私事、知心话愿意与同伴诉说和分享。在追星的中小学生中,他们通常有与自己有相同感受的同伴,可以同声一气。而且中小学生沉醉在偶像的音乐作品或影视作品中能获得一种心灵的休憩和安慰,填补由于脱离对父母依赖而产生的"情感真空",进而满足其归属和爱的需要。

5. 学业负担和升学压力

中小学生在校期间,学习任务非常繁重,面临巨大的升学压力,导致相当一部分中小学生产生紧张、恐惧、焦虑、抑郁、悲观等心理问题。当中小学生遇到的烦恼或产生的心理问题不能及时消除时,他们往往会投身于对明星的崇拜,借以掩盖学习压力给自己带来的难以排遣的紧张、恐惧、焦虑和沮丧,从而获得心理的补偿和平衡。另外,学校文化生活单调、乏味,艺术教育缺乏活力,这也会造成中小学生盲目追星。

6. 家长的教育方式和家庭氛围

家庭、学校和大众传播媒体是影响中小学生盲目追星的重要因素。家庭是个体社会化的起点,在中小学生社会化过程中发挥着非常重要的作用。家庭中影响个体社会化的因素很多,其中父母的教养方式和家庭气氛尤为重要。父母的教养方式可以分为溺爱型、放任型、专制型、民主型。有些家长采取了专制型教育方式,面对孩子追星,非常愤怒,不仅没有与孩子就追星问题沟通,反而一味责备孩子,并将孩子搜集的"宝贝"付之一炬。这样粗暴的专制型教育方式,不但达不到预期效果,还会引起孩子反感,反而激起其强烈的追星欲望。

7. 传媒的过度渲染

中小学生处在一定的社会文化环境中,不可避免地受到大众传播媒体的影响。中小学生的思想不成熟,辨别力比较低。由于商品经济的刺激,广播、电视、报刊、杂志、网络等对娱乐明星、体育明星等过度的关注和宣传,导致中小学生自觉或不自觉地受到影响,甚至达到"疯狂"的地步。这些都直接或间接地影响了中小学生的生活方式。一些不负责任的媒体,过度放大明星的光环,过度宣扬明星的过人之处,却忽视了明星作为一个正常人所具备的一般品质。个别媒体甚至在利益的驱动下,忽视、抛弃了自身所肩负的责任,为了吸引受众的眼球,不惜一切代价炒作明星,而身心尚未完全成熟的中小学生很容易受到媒体炒作的暗示,浑然不觉地加入到追星大军中。

三、中小学生盲目追星的疏导

1. 给予学生疏导而不是干涉

由于中小学生的逆反心理比较强,教师越禁止学生追星,学生的追星欲望反而越强烈。其道理与大禹治水如出一辙:鲧用"息壤"堵洪水,结果水越受堵,洪灾越厉害;禹则采用疏的方法,让水得其道而行,最终成功治理了洪水。对待中小学生追星也是一样。有一些教师在对学生所追逐的明星没有任何了解的情况下,就对学生生硬地讲这些明星怎么不好,企图以说教的方式改变学生的价值观和追星行为,这很容易引起学生反感,最终导致教师花了很多时间、精力和心血,却收效甚微。

2. 引导学生理性认识"明星"

处在青春期的中小学生都在编织自己的"明星梦",教师应及时引导学生认清"明星"是如何产生的。"明星梦"犹如七色的肥皂泡,非常容易破碎。"明星"拥有的声誉和财富绝非一蹴而就、唾手可得。明星也是凡人,不是神,他们是靠"台上一分钟,台下十年功"练出来的,是靠自己的努力才换来今天的成功,在成名过程中,他们也遭遇过困难与挫折。因而,"明星梦"要变成生活中的现实绝非易事,需要付出艰辛的努力和辛勤的汗水,并且需要具有较强的抗挫折能力。客观公正地说,大多数明星的成功不是靠光鲜亮丽的外表、机遇好或运气好,而是靠自身的实力和优良品格。一般而言,要想成为娱乐明星和体育明星必须具备两个条件:一是"明星"必须具有一定的特殊天赋或特长,而这种天赋和特长并不是每一个人都具有的;二是"明星"都经历了十分激烈的甚至非常残酷的竞争过程,而这种激烈和残酷的竞争不是每一个人都能够承受的。正因为如此,"明星"永远只能是极少数人。引导学生对明星成功的奥秘、对明星和自我之间的差距有了正确而清晰的认识之后,他们就会逐渐趋于理性。

3.引导学生把"明星"转换为"榜样"

追星实际上是一种榜样认同和学习,提供什么榜样或展示什么样的榜样对中小学生成长十分重要。榜样的力量是无穷的,教师要因势利导,充分发挥明星强大的号召力和感染力,启发学生寻找明星真正值得崇拜的地方,体会他们的人格之美和成功背后的拼搏精神,学习他们具有坚定的目标和远大理想,学习他们的优良品质和过人之处,见贤思齐,快乐地追星。让"星星"点灯,照亮学生人生的旅程。

另外,教师和家长要向学生有意识地介绍各行各业都有明星。除了影视明星、歌星、体育明星外,还有政治明星、学术明星、文化明星、科技明星、军事明星等等,教师可以讲述他们的求学历程、奋斗经历或感人事迹,让更多的"星星"在学生的心里一起闪耀。通过这些介绍可以在一定程度上纠正学生单一、片面的偶像观,树立学生正确的偶像崇拜观,引导他们关注各行各业的成功人士,打开他们对未来的广阔构思。

教师要引导中小学生根据自己的实际情况和主客观条件,选择和确定自己心中的"星",并且也要像那些明星一样,通过努力奋斗去实现自己的梦想,切不可盲目追星,耽误学业。

4.引导学生积极参加集体活动

教师应告诉学生,追星不应成为中小学生感情上的唯一依托,要学会参加各种有意义的活动和运动来充实自己,寻找理想的坐标,进一步拓展自己的交往空间。

例如,教师可以通过引导学生参加各种活动和体育锻炼,借以转移学生追星的兴趣和注意力,培养学生广泛的爱好和兴趣。这些健康、有益的活动和运动包括社会公益活动、爬山、绘画比赛和歌唱比赛等,既可以是室内活动,也可以是室外活动,它们不仅能增强学生的体质,而且可以丰富学生的生活,开阔学生的视野,提高学生的人际交往能力,为学生搭建展示自己的舞台,使学生获得成就感、满足感和自豪感,了解自己存在的价值,从而积极、勇敢、乐观地面对生活,减少追星的时间和淡化对"明星"疯狂迷恋的情感,最终达到促进中小学生健康成长的目的。

第六节 早 恋

早恋是中小学教育中的敏感话题,早恋不仅会使学生个人精力分散,严重影响其正常学习,也会影响到班级和学校的学习气氛。因此面对早恋,老师、家长都"谈虎色变",往往一看到苗头就方寸大乱,不分青红皂白,一律实行"大棒"政策,及时扼杀。但是由于早恋行为产生的原因是复杂的,早恋双方又有一定的感情基础,所以,对中小学生的早恋教育要讲究艺术,对症下药,有的放矢。

一、中小学生早恋的原因

中小学生早恋的原因是多方面的,既有中小学生的心理早熟的原因,也有家庭、学校、社会方面的原因。

1. 个人因素

(1)生理成熟及性意识觉醒是青春期学生早恋产生的心理基础。中小学生从青春期开始,下丘脑垂体性腺系统分泌各种激素,性器官迅速发育成熟,开始出现第二性征,此时中小学生生理上会产生急剧的变化。另外,随着社会的发展,人们生活水平的日益提高,中小学生的性发育、性成熟也有提前的趋势。第二性征成熟对中小学生心理和行为产生了重要影响。伴随着性成熟,青春期中小学生的性意识也逐渐觉醒,对异性的好奇心及神秘感不断加强,对异性会产生有别于同学间友谊的希望,驱使他们开始关注异性、接近异性、追求异性,容易产生爱慕和追求的情感,并沉浸在爱情的梦幻之中。由于青春期中小学生的心理发展水平与生理成熟程度相比相对滞后,自我控制能力较差,所以,很容易发生早恋。

(2)青春期学生生理的成熟、发展导致其心理也发生了巨大的变化。一是成人感增强。他们认为自己已经是成人了,因而常常模仿成人的行为举止,样样向成人看齐,以显示自己已经长大了。二是学生对自己、对他人的关心评价已发生了变化。他们开始关心自己的形象,注重自己在他人尤其是异性心目中的地位,平时非常注意穿着打扮,喜欢像"孔雀开屏"那样向异性展现自己的魅力。同时,他们对异性容易产生兴趣和爱慕,希望能爱和被爱。在"爱"和"性"需要的驱使下,他们渴求了解异性,希望同异性交往,并在交往中感到兴奋和满足。

(3)青春期学生具有极强的模仿性,当受到爱情歌曲、言情小说、影视作品等影响时,他们便试图模仿、尝试。特别是当同学中有人正在"恋爱"时,他们更容易受到感染,增强模仿的强烈愿望。中小学生的新奇感、叛逆心理及寻找爱与归属的需要也催动了恋情的萌发。

(4)心理错觉也是青春期学生早恋产生的原因。在学生的生活中,往往有这种情形:男女一方在学习上、生活上给予对方一定的关心和帮助,这原本是一种纯真的友情,而对方却把这种纯真的友情误解为爱情,产生心理错觉,于是暗地里滋生了一种爱慕,有的甚至直接向对方求爱,发展为早恋。

2.学校因素

(1)青春期教育缺失和性教育保守是早恋产生的主要教育原因。目前,虽然性教育已经引起了学校的重视,但是许多学校青春期性教育并没有正常地开展。不少教师对性教育表现得很保守,思想上转不过来,总是羞于启齿,遮遮掩掩,闪烁其词。教材中关于性生理的章节,教师的习惯做法是避开不讲,让学生自己看。在得不到良好教育的情况下,学生只能凭借自己的一知半解来认识性问题,或通过其他途径满足好奇心。性教育的保守加深了学生相互接触的愿望,有可能直接或间接地导致一些学生早恋。

(2)教育方式不当是早恋产生的另一个重要因素。现在,有些学校对"早恋"严厉禁止,采取各种高压手段,希望能够扼制住"早恋"之风。但是,学校却没有一个明显的界限区别"早恋"与正常的异性交往,教师的心目中也没有一个科学的划分,因此有些正常的异性交往往往被误认为是早恋。有的教师对男女同学之间正常的异性交往大惊小怪,如临大敌,粗暴干涉,采用讥讽、训斥的语气,严重伤害了学生的自尊心,致使学生产生逆反心理,促成其早恋;还有的教师把早恋看成是学生"作风不正派"或是"思想品德有问题",忽视了对学生性心理的分析、引导与教育。

(3)学生由于学习成绩差而受到忽视也容易导致早恋。调查发现:学习成绩差的学生比成绩好的学生更容易早恋。这是因为成绩差的学生常常不受老师欢迎和重视,在学习上很少受到老师的关心和照顾,他们根本体验不到学习的乐趣,心理压力比较大。于是,他们便把无处打发的精力和时间转向爱情,转向社会,以弥补感情上的空虚。

3.家庭因素

早恋产生的另一个因素是家庭温暖与关爱的缺乏。如果把社会比作海洋,那么家庭就是港湾,是孩子们停泊靠岸、养精蓄锐的地方。研究表明,中小学生青春期早恋大多数与家庭因素有关。

(1)家庭关系紧张,家庭生活冷漠、压抑,缺乏家庭温暖,不能获得足够的感情关注;

(2)有些学生的家长工作繁忙,无暇顾及子女或由于长期在外地工作,将子女隔代抚养或寄托给他人等,缺乏与子女心理与感情上的交流,忽略子女的情感需要,使得子女的情感需要得不到满足;

(3)有些家长教育方法不当,忽视对孩子青春期的教育,孩子发生早恋后,或采用粗暴干涉压制的手段,或置之不理、漠不关心,任其自由发展;

(4)家庭结构残缺(丧偶、离异等),孩子缺少爱抚,渴望获得异性的爱；

（5）有些家长沾染上某些恶习，或行为不检点，使学生对家庭不满，产生叛逆心理，他们很容易产生破罐子破摔的心理，比如：你不让我早恋，我偏要早恋，你不让我怎么样，我就偏要怎么样。

上述情况都会使青春期学生在家庭中得不到应有的感情需要，不得不从家庭之外的异性朋友那里求得安慰，获得满足，取得补偿。所以，有心理学工作者指出，如果孩子从家长那里得到足够的爱，他们通常会处理好与异性交往的关系，早恋发生的几率就会大大降低。

4.社会因素

（1）思想观念的开放

中西方思想文化的相互融合、碰撞，使得西方思想观念中的性解放、性自由的观念在中国得以传播，使部分中国人的性观念越来越开放。而青少年受到这种性观念的影响，易发生早恋。

（2）传媒中不良信息的诱导

青春期学生由于性成熟引起了性心理的变化，如果他们恰恰在这个时期受到某些不良影响的侵袭，就很难抵制诱惑。传媒中不良信息的影响和误导就是青春期学生产生早恋的催化剂。大众传媒时代背景下，大量粗制滥造的情歌、言情剧、言情小说对中小学生早恋起到了推波助澜的作用。一些淫秽书刊、黄色网站、杂志中露骨的色情描写，电影、电视、录像、影碟、电脑软件中有关两性关系的感性形象的塑造，对于分析能力和判断能力正在发展中的中小学生具有很强的吸引力和诱惑力，迎合了他们猎奇、求刺激的欲望，具有明显的消极影响和毒害作用，令情窦初开、意志力薄弱的中小学生表现出过高的兴奋性和强烈的性冲动，这也是早恋发生的诱因之一。

二、中小学生早恋的疏导

1.端正对早恋的认识

由于生理和心理的发展、成熟，青春期学生向往异性，容易出现爱情的幻想和冲动,这是青春发育期的一种正常的生理反应和心理现象,是人的本能,是人性的自然表现,是人的情感世界中美好而珍贵的部分,也是人性中至真至纯的情感体验。早恋对学生来讲,无论最终的结果如何,都是一种心理体验与发展。教师和家长要端正对早恋的认识和态度。

(1)不鄙视。教师要充分理解、尊重和宽容学生,以客观、冷静的态度对待学生的情感问题,而不能把早恋看成是思想龌龊的表现,甚至看成是"十恶不赦"。

(2)不张扬。早恋学生往往怕老师和家长知道,一般多从事"地下活动",教师要有针对性地对早恋学生进行个别教育,要保护学生的个人隐私,应该以诚恳的态度晓之以理,动之以情,导之以行。

(3)不避讳。对早恋学生要私下里开诚布公地交流思想,通过摆事实、讲道理,让学生认识到早恋的利弊,将注意力放在学习上来。

2.采用恰当的教育方式

如何处理和解决学生的早恋问题是一件让教师棘手、费力气的事情。如果一味地对学生进行训斥和责骂,很容易让学生产生逆反心理,反而加强了其早恋的决心。如果教师放任不管的话,又会给学生的学业造成极大的负面影响。因此,教师和家长绝不能掉以轻心,应给予高度重视,恰当、正确地疏导,帮助学生顺利走出"早恋"的误区。

3.活动转移法

青春期学生正处于身心加速发展时期,精力充沛、求知欲强,教师可以开展丰富多彩的活动,如唱歌、跳舞、摄影、集邮、田径、球赛、写作、绘画等开放式的集体活动,通过这些活动加强同学之间的广泛交往,增加同学了解和接触异性的机会,降低中小学生对异性的神秘感、紧张感和羞涩感,满足中小学生对异性的好奇心,转移青春期的性冲动,便于其发展异性之间的友谊,转移早恋的兴奋中心,使精神有所寄托,情感得到升华,从而有效避免早恋。

附 录

成功案例

1. 化解人际冲突的优秀事例：

事例1　公共汽车上人多，一位女士无意间踩疼了一位男士的脚。女士赶紧红着脸道歉说："对不起，踩着您了。"不料男士笑了笑："不不，应该由我来说对不起，我的脚长得也太不苗条了。"哄的一声，车厢里立刻响起了一片笑声，显然，这是对优雅风趣的男士的赞美。而且这美丽的宽容将会给大家留下一个永远难忘的美好印象。

事例2　一位女士不小心摔倒在一家整洁的铺着木板的商店里，手中的奶油蛋糕弄脏了商店的地板，女士歉意地向老板笑笑，不料老板却说："真对不起，我代表我们的地板向您致歉，它太喜欢吃您的蛋糕了！"于是在场的人都笑了。老板的善良和幽默打动了她，她立刻抉择"投桃报李"，买了好几样东西后才离开了这里。是的，这就是宽容——它甜美，它温馨，它亲切，它明亮，它是阳光，谁又能拒绝阳光呢！

事例3　二战结束后不久，在一次大选中，丘吉尔落选了。他是个名扬四海的政治家，对于他来说，落选当然是件极狼狈的事，但他却极坦然。当时，他正在自家的游泳池里游泳，秘书气喘吁吁地跑来告诉他："不好！丘吉尔先生，您落选了！"不料丘吉尔却朗然一笑说："好极了！这说明我们胜利了！我们追求的就是民主，民主胜利了，难道不值得庆贺？朋友劳驾，把毛巾递给我，我该上来了。"丘吉尔不得不让人敬佩，那么从容，那么理智，只一句话，就成功地再现了一种极豁达大度、极宽厚的大政治家的风范！还有一次，在一个酒会上，一个女政敌高举酒杯走向丘吉尔,并指了指丘吉尔的酒杯,说:"我恨你,如果我是您的夫人,我一定会在您的酒里投毒!"显然,这是一句满怀仇恨的挑衅,但丘吉尔笑了笑,友好地说:"您放心,如果我是您的先生,我一定把它一饮而尽!"果然是豁达从容地化干戈为玉帛。

2.疏导挫折感的优秀事例:

事例1　坚持到底的最佳实例可能就是亚伯拉罕·林肯。如果你想知道有谁从未放弃,那就不必再寻寻觅觅了!

生下来就一贫如洗的林肯,终其一生都在面对挫败,八次竞选八次落败,两次经商失败,甚至还精神崩溃过一次。好多次,他本可以放弃,但他并没有如此,也正因为他没有放弃,才成为美国历史上最伟大的总统之一。以下是林肯进驻白宫前的简历:

1816年,家人被赶出了居住的地方,他必须工作以抚养他们。

1818年,母亲去世。

1831年,经商失败。

1832年,竞选州议员,但落选了。工作也丢了,想就读法学院,但进不去。

1833年,向朋友借钱经商,但年底就破产了,接下来他花了十六年才把债还清。

1834年,再次竞选州议员,赢了!

1835年,订婚后即将结婚时,未婚妻却去世了,因此他的心也碎了!

1836年,精神完全崩溃,卧病在床六个月。

1838年,争取成为州议员的发言人,没有成功。

1840年,争取成为候选人,失败了!

1843年,参加国会大选,落选了!

1846年,再次参加国会大选,这次当选了!前往华盛顿特区,表现可圈可点。

1848年,寻求国会议员连任失败了!

1849年,想在自己的州内担任土地局长的工作,被拒绝了!

1854年,竞选美国参议员,落选了!

1856年,在共和党的全国代表大会上争取副总统的提名,得票不到一百张。

1858年,再度竞选美国参议员,再度落败。

1860年,当选美国总统。

此路艰辛而泥泞。我一只脚滑了一下,另一只脚也因而站不稳;但我缓口气,告诉自己,"这不过是滑一跤,并不是死去而爬不起来。"——林肯在竞选参议员落败后如是说。

事例2　一位父亲带着儿子去参观梵高的故居,在看过那张小木床及裂开口的皮鞋之后,儿子问父亲:"梵高不是位百万富翁吗?"父亲答:"梵高是位连妻子都没娶上的穷人。"第二天,这位父亲带着儿子去丹麦,在安徒生的故居前,儿子又困惑地问:"爸爸,安徒生不是生活在皇宫里吗?"父亲答:"安徒生是位鞋匠的儿子,他就生活在这栋阁楼里。"这位父亲是一位水手,他每年来往于大西洋的各个港口,这位儿子叫伊东·布拉格,是美国历史上第一个获得普利策奖的黑人记者。20年后,在回忆童年生活时,伊东说:"那时我们家很穷,父母靠苦力为生。很长一段时间,我一直认为像我这样地位卑微的黑人是不可能有什么出息的。好在父亲让我认识了梵高和安徒生,这两个人的经历告诉我,上帝没有看轻卑微。"原来,很多时候是自卑的人自己看轻了自己。

事例3　众所周知,邓亚萍从小就酷爱打乒乓球,她梦想着有朝一日能够在世界赛场上大显身手。却因为身材矮小,手腿粗短而被拒于国家队的大门之外。但她并没有气馁,而是把失败转化为动力,苦练球技,持之以恒的努力终于催开了梦想的花蕾——她如愿以偿地站上了世界冠军的领奖台。在她的运动生涯中,她总共夺得了18枚世界冠军奖牌。邓亚萍的出色成就,不仅为她自己带来了巨大的荣耀,也改变了世界乒坛只在高个子中选拔运动员的传统观念。

事例4 张海迪,1955年秋天在济南出生。儿时患脊髓病,胸部以下全部瘫痪。从那时起,张海迪开始了她独特的人生。她无法上学,便在家自学。15岁时,张海迪跟随父母,下放到山东聊城的农村,她开始给孩子当起教书先生。她还自学针灸医术,为乡亲们无偿治疗。后来,张海迪自学多门外语,还当过无线电修理工。在残酷的命运挑战面前,张海迪没有沮丧和沉沦,她以顽强的毅力和恒心与疾病做斗争,经受了严峻的考验,对人生充满了信心。她虽然没有机会走进校门,却发奋学习,学完了小学、中学全部课程,自学了大学英语、日语、德语,并攻读了大学本科和硕士研究生的课程。1983年张海迪开始从事文学创作,先后翻译了《海边诊所》等数十万字的英语小说,编著了《向天空敞开的窗口》、《生命的追问》、《轮椅上的梦》等书籍。其中《轮椅上的梦》在日本和韩国出版,而《生命的追问》出版不到半年,已重印3次,获得了全国"五个一工程"图书奖。在《生命的追问》之前,这个奖项还从未颁发过给散文作品。2002年,一部长达30万字的长篇小说《绝顶》问世。从1983年开始,张海迪创作和翻译的作品超过100万字。1993年,在《中国青年报》发表了《是颗流星,就要把光留给人间》,张海迪从此名噪中华,并因此获得两个美誉,一个是"八十年代新雷锋",一个是"当代保尔"。

张海迪怀着"活着就要做个对社会有益的人"的信念,以保尔为榜样,勇于把自己的光和热献给人民。她以自己的言行,回答了亿万青年非常关心的人生观、价值观问题。邓小平亲笔题词:"学习张海迪,做有理想、有道德、有文化、守纪律的共产主义新人!"随后,张海迪成为道德力量的体现。张海迪现为全国政协委员,供职在山东作家协会,从事创作和翻译。

3.疏导嫉妒心理的优秀事例：

美国一所高中的毕业典礼上，高才生查理代表全班毕业生致辞后，一位年轻的女教师——布朗小姐跑上讲台热烈地吻了查理一下，这一吻是神圣的，是老师对学生的最高评价。会后有几个毕业生包围了布朗小姐，领头的一个男孩怒不可遏地质问女教师，为什么要如此明显地冷落别的学生。布朗小姐说："查理是以自己的优异成绩赢得我特别的赏识，如果其他同学也有同样出色的表现，我也会吻他们的，绝不食言。"毕业后，被老师热烈一吻的查理，深知自己被人嫉妒，但他决心用实际行动证明自己值得布朗小姐特殊的一吻。而那位带头质问布朗小姐的男孩，也决心超过查理，以出色的行动来赢得布朗小姐赏识的一吻。若干年后，布朗小姐突然接到美国白宫打来的电话，这是白宫首席秘书打来的，他先转述了美国总统的问候，并问布朗小姐是否还记得在毕业典礼上的一吻，以及她的许诺。布朗小姐一时莫名其妙，原来打电话的白宫首席秘书正是查理，而这位美国总统，则是当时围攻她的那位男孩——亨利·杜鲁门。

4.疏导盲目追星的优秀事例：

小时候，周杰伦是一个沉默寡言、害羞敏感的孩子。年幼的时候，周杰伦的父母就离婚了，之后，他便和妈妈、外祖母生活在一起。一个在普通家庭中长大的孩子，没有显赫的家庭背景，没有出身于演艺世家，曾被中学老师认为有"学习障碍"的孩子，日后竟然成了天王巨星。那么，周杰伦到底是怎样成功的呢？由于父母离异，母亲把所有的希望都寄托在周杰伦身上。3岁时，母亲见他在音乐方面很有天赋，就拿出所有的积蓄为他购买了一架钢琴。孩子都有爱玩的天性，周杰伦也不例外。每次练琴的时候，一听到窗外小伙伴的嬉闹声，他就坐不住了，弹琴也心不在焉。母亲只好拿一根棍子逼迫他练琴。母亲的棍棒教育，使得周杰伦弹得一手好琴，但是也使他养成了孤僻的性格，不爱说话，学习成绩较差。

上高中后,周杰伦依然沉浸在音乐爱好之中。由于学习成绩不好,他没有考上大学。高中毕业后,周杰伦到一家餐馆当了服务生。工作虽然烦琐、辛苦,但是周杰伦仍然坚持自己对音乐的追求。每次发工资后,他做的第一件事就是购买磁带。平时,他就把单放机带在身边,没事就听音乐。一次,心情不错的周杰伦托着一盘菜,边走边唱,一不留神,撞到了一个女服务员身上。盘子打碎自不必说,更糟糕的是烫伤了女服务员。为此,周杰伦被餐厅经理扣掉半个月工资。自然,当月周杰伦计划买磁带的钱就没有了。事过不久,餐厅老板为提升餐厅品位,在大厅里配备了一架钢琴,以便为客人奏乐助兴。可请来的好几名钢琴师都因为不合老板的口味而被炒了鱿鱼。一天下班后,手痒的周杰伦趁老板不在,用那架崭新的钢琴演奏了一首他自己刚刚创作的歌曲,这让同事们大吃一惊:原来他还会弹钢琴!餐厅老板听说后,就让周杰伦担任琴师在大厅里弹奏自己创作的乐曲。从此以后,周杰伦再也不用当服务员了,而是每天坐在钢琴前演奏。

1997年,周杰伦报名参加了电视台的一个娱乐节目——《超猛新人王》,首次登台表演便以失败告终!当时,该节目的主持人吴宗宪也是台湾阿尔发音乐公司的老板,看了周杰伦的乐谱后,认为他演奏的乐谱不仅十分复杂,而且还抄写得工工整整,于是便邀请周杰伦到他的音乐公司专职写歌,周杰伦欣然同意了。由于周杰伦从小就打下了扎实的音乐功底,很快就创作出了大量的歌曲。但是,吴宗宪认为周杰伦写的歌词比较怪异,音乐圈内几乎没有人喜欢。因而,每当周杰伦把自己创作的手稿给吴宗宪时,吴宗宪只好把他的手稿放在一边。一天,周杰伦又拿着自己新创作的歌曲给吴宗宪看,看着他那得意的样子,吴宗宪就想激他一下。接过手稿后,吴宗宪看都没看一眼,就将手稿揉成一团,扔进了垃圾桶。看着这一情景,周杰伦一言不发,转身离去。挫折并没有压垮周杰伦;他夜以继日地工作,平均每天创作一首歌曲。终于,吴宗宪被周杰伦的执着、勤奋感动了,答应找歌手演唱周杰伦的作品。吴宗宪将周杰伦创作的歌曲《眼泪知道》推荐给天王刘德华演唱。刘德华看了歌词以后拒绝演唱。后来,周杰伦又给火爆乐坛的张惠妹写了一首歌——《双截棍》,他原以为张惠妹比较前卫,应该容易接受这首歌,然而,出乎周杰伦的意料,张惠妹竟也拒绝演唱。面对一次次的失败和打击,周杰伦感到迷惘和困惑,他甚至开始怀疑自己是否具有音乐创作能力。就在周杰伦蒙受沉重打击、消极颓废时,吴宗宪看到了周杰伦对音乐独特的理解力,决定给他另一次机会——让他登台演唱自己创作的歌曲。但是有一个前提条件:周杰伦要在10天之内创作出50首歌曲,吴宗宪从中挑选10首,制作成唱片。于是,周杰伦通宵达旦地创作,最终在规定期限内完成了创作任务。经过大半年的精心制作,周杰伦的第一张专辑——《杰伦》问世。令人意想不到的是,该专辑刚一上市,就被歌迷抢购一空,并在当年的流行音乐评选中,一举夺得台湾流行音乐金曲奖的"最佳流行音乐演唱专辑""最佳制作人"和"最佳作曲人"三项大奖。随后,周杰伦的第二张专辑《范特西》横空出世,很快风靡了整个华语乐坛。2002年初,在第八届全球华语音乐榜中榜的评选中,周杰伦一举夺得2001年"最受欢迎男歌手"奖。从此以后,华语流行歌坛几乎成了周杰伦的天下,他独特的音乐曲风、桀骜不驯的外表、潇洒的风度都成为歌迷们热烈追捧的焦点。从一名普通的餐厅服务员成长为家喻户晓的"亚洲天王",谁曾想到周杰伦的成名之路竟是如此坎坷!难怪周杰伦在接受美国《时代》杂志以及英国路透社专访时说:"明星梦并不是遥不可及的,其实,任何人都可以做,只要你肯努力。我之所以能有今天,就是我永不服输的结果。"

5.疏导人际孤独的优秀事例:

马克思在创立政治经济学时,正是他在经济上最贫困的时候,恩格斯经常慷慨解囊帮助他摆脱经济上的困境。对此,马克思十分感激。当

《资本论》出版后,马克思写了一封信表示他的衷心谢意:"这件事之所以成为可能,我只有归功于你!没有你对我的牺牲精神,我绝对不能完成那三卷的巨著。"两人友好相处,患难与共长达五十年之久。列宁曾盛赞这两位革命导师的友谊是"超过了一切古老的传说中最动人的友谊故事"。

6.疏导自卑心理的优秀事例:

中央电视台著名节目主持人白岩松,年轻时曾非常自卑。他从一个北方小镇考进了北京的大学,上学的第一天,他邻桌的女同学第一句话就问他:"你从哪里来?"而这个问题正是他最忌讳的,因为在他的逻辑里,出生于小城就意味着没见过世面。就因为这个女同学的问话,使他一个学期都不敢和女同学说话!很长一段时间,自卑的阴影一直占据着他的心灵。每次照相,他都要下意识地戴上一副大墨镜,以掩饰自己的自卑心理。

同样是中央电视台著名节目主持人,张越当年也曾为自己的肥胖而自卑。20年前,她在北京上大学,几乎每天都在自卑中度过。她疑心同学会在暗地里嘲笑她肥胖的样子太难看,因此不敢穿裙子,不敢上体育课。大学毕业时,她差点领不到毕业证,不是因为功课,而是因为她不敢参加体育长跑测试!老师说:"只要你跑了,不管多慢,都算你及格。"可她就是不跑。因为恐惧,恐惧自己肥胖的身体跑起步来一定非常愚笨。可是她连对老师解释的勇气都没有。

著名歌星王菲说,她也曾自卑过很多年。她觉得自己不聪明,18岁时勉强考上福建一所很不出名的大学,又没有去上,到现在也没有一个正经学历;她觉得自己没有毅力,减肥通常不超过一周就要打退堂鼓,明知抽烟不好,却总也戒不掉;她觉得自己不擅长交际,尤其不会讲话,所以一见记者就着急,不善于和媒体沟通,老给人家一种耍大牌的感觉。

德国天才哲学家尼采,出生于勒肯的一个牧师之家,自幼性情孤僻,而且多愁善感,又矮又瘦,纤弱的身体使他总有一种自卑感。他曾追求过一个美丽的姑娘,但因为太笨拙,没有成功,这使他更加自卑。因此,他一生都在追寻一种强有力的人生哲学来弥补自己内心深处的自卑。

即便是雄才大略、"粪土当年万户侯"的一代伟人毛泽东,早年在北京大学图书馆当"临时工"的时候,也是相当的自卑。快到而立之年了,却一事无成,工资也只有区区的8元,而比他大不了几岁的李大钊、胡适都是每月400元大洋;还因为他说一口乡音很重别人很难听懂的湖南话,想和蔡元培、傅斯年、罗家伦等北大名流交往,却被人家婉言拒绝。

但是,后来他们都成功了。白岩松、张越成了中央电视台著名节目主持人,经常对着全国几亿电视观众侃侃而谈。特别是张越,还是第一个完全靠才气,丝毫没有凭借外貌走进中央电视台的主持人。王菲如今被称为歌坛天后,拥有无数歌迷,演戏唱歌都很成功,所到之处万人空巷;尼采成了著名哲学家,"超人哲学"的奠基者,他打破了以往哲学演变的逻辑秩序,凭借自己的灵感做出独到的理解,写了许多文笔优美、寓意深刻的著作,并大胆宣称:上帝死了!至于毛泽东的历史功绩和地位,早已彪炳史册,自然不必赘言。

因为他们没有怨天尤人,没有自暴自弃,而是超越了自卑,战胜了自卑;因为自卑而产生的动力使他们比别人更努力,付出更多。所以,自卑并不可怕,可怕的是永远沉溺其中,不能自拔。

美文欣赏

附1:

朋友是什么

朋友是悲伤时的依靠?是快乐时的玩伴?还是心烦时的陪伴?没有朋友的人是怎样?"朋友",被许多人轻唱过,深吟过,到底有谁真正诠释过它的真正含义?朋友到底是什么?

朋友是一种相遇。

芸芸众生、茫茫人海中能够走到一起,彼此相互认识,相互了解,相互走近,实在是缘分。在人来人往聚散分离的人生旅途中,在各自不同的生命轨迹上,在不同经历的心海中,能够彼此相遇、相聚、相逢,可以说是一种幸运。缘分不是时刻都会有的,应该珍惜得来不易的缘。

朋友是一种相知。

朋友相处是一种相互认可,相互仰慕,相互欣赏,相互感知的过程。对方的优点、长处、亮点、美感都会映在你脑海,尽收眼底。哪怕是朋友一点点的可贵,也会成为你向上的能量,成为你终身受益的动力和源泉。朋友的智慧、知识、能力、激情是吸引你靠近的磁场和力量。同时你的一切,也是朋友认识和感知你的过程。

朋友是一种相契。

朋友就是彼此一种心灵的感应,是一种心照不宣的感悟。你的举手投足,哪怕是一个眼神、一个动作、一个背影、一个回眸,朋友都会心领神会。不需要彼此的解释,不需要多言,不需要张扬,都会心心相印的。那是一种最温柔、最惬意、最畅快、最美好的意境。

朋友是一种相伴。

朋友就是漫漫人生路上的彼此相扶、相承、相伴、相佐。是你烦闷时送上的绵绵细语或大吼大叫,寂寞时的欢歌笑语或款款情意,快乐时的如痴如醉或痛快淋漓,得意时善意的一盆凉水。在倾诉和聆听中感知朋友深情,在交流和接触中不断握手和感激。

朋友是一种相助。

风雨人生路,朋友可以为你挡风寒,为你分忧愁,为你解除痛苦和困难。朋友时时会伸出友谊之手,是你登高时的一把扶梯,是你受伤时的一剂良药,是你口渴时的一碗白水,是你过河时的一叶扁舟。是金钱买不来的,命令吓不倒的,只有真心才能够换来的最可贵的情意。

朋友是一种相思。

朋友是彼此的牵挂,彼此的思念,彼此的关心,彼此的依靠。思念就像是一条不尽的河流,像一片温柔轻拂的流云,像一朵幽香阵阵的花蕊,像一曲余音袅袅的洞箫,有时也是一种淡淡的回忆、淡淡的品茗、淡淡的共鸣。

朋友是一种照耀。

朋友就像是夜空里的星星和月亮,彼此光照,彼此星辉,彼此鼓励,彼此相望。朋友就是镶嵌在默默的关爱中,不一定要日日相见,拥有的是心心相通。朋友不必虚意逢迎,点点头也许就会意了。有时候遥相辉映,不亦乐乎。

友情是一种最纯洁、最高尚、最朴素、最平凡的感情,也是最浪漫、最动人、最坚实、最永恒的情感。人人都离不开友情。一旦没有了友情,生活就不会有悦耳的和音。

附2:

做人做事四句话

一位青年人拜访年长的智者。

青年问:"我怎样才能成为一个自己愉快、也能使别人快乐的人呢?"

智者说:"我送你四句话,第一句是把自己当成别人。即当你感到痛苦、忧伤的时候,就把自己当做别人,这样痛苦自然就减轻了;当你欣喜若狂时,把自己当做别人,那些狂喜也会变得平和些;第二句话是把别人当做自己,这样就可以真正同情别人的不幸,理解别人的需要,在别人需要帮助的时候给予恰当的帮助;第三句话是把别人当成别人,要充分尊重每个人的独立性,在任何情形下都不能侵犯他人的核心领地;第四句话是把自己当做自己。"

青年问道:"如何理解把自己当做自己?如何将四句话统一起来?"

智者说:"用一生的时间、用心去理解。"

附3：
获得好人缘的方法

1. 遇人要热情，充满微笑，哪怕是陌生人，不能做出一副冷酷或深沉世故状。

2. 与人握手时，同性可多握三秒钟，而且要有点儿力度，显示你的真诚。

3. 与人说话时，尽量不要打断对方的话，耐心倾听别人述说。态度要诚恳、温和，眼睛要真诚地看着对方。但又不能长久直视，这样会让对方不自在。

4. 对别人的错误最好不要当众批评，私下里悄悄地、婉转地或间接地指出。

5. 坚持在背后说别人好话，不要怕这些好话传不到当事人耳朵里。

6. 别人在你面前说某人坏话时，你只微笑，千万别发表意见或传播。

7. 对任何人都要诚实守信。

8. 不要吝惜你的喝彩声。

9. 与朋友一起消费时，稍微大方一些，别显得吝啬小气。

10. 要把别人的行为和动机想得高尚些，并常向对方表达此意。

11. 当你犯错误时，要及时主动认错并道歉，别把脸面看得太重。

12. 人多的场合少说话，言多必失。

13. 在各种节假日或朋友的生日时，尽可能地多发信息给朋友，表达你真诚的祝愿。

14. 与朋友在一起的时候，尽量谈论别人感兴趣的话题，这很重要。

15. 尊重一切人，包括不喜欢你的人。

16. 常常自我批评，而不要自我表扬，但不要显得过分谦虚，如果这样会让人感到你很虚伪。

17. 不要过分地讨好别人，这样你会失去人格魅力。

18. 绝不能侮辱、嘲笑他人,更不能打击他人。

19. 要知道感恩,感恩也是一种美德。

20. 聚会时,不要因一点小事而生气,破坏了大家融洽欢乐的气氛。

21. 把未说出口的"不"字改成"我尽力""我想想看""这需要时间"等。

附4:

朋友多了怎么办

学会调整对于不同亲密度的朋友的态度,采取不同的应对措施。这些应对措施包括三点,即理解对方的需要,表明自己的处境,做出相应的承诺。

1. 对于最好的朋友,当他们来向自己倾诉时,应立即放下手中所有的事情,倾听他们的心事,帮助他们。用这样的方式建立自己最牢固的朋友圈。要明白,你的一级人际财富并不多,可能只有一个或两个,但一般不会超过五个。

2. 对于比较重要的朋友,可以采用"理解需要、表明处境、做出承诺"的方式来应对,如"我知道你要对我说的话确实很重要,但是我现在真的很忙,等我忙完一定会听你讲"。

3. 对于一般的朋友,可以采用"理解需要、表明处境、延后时间(不做承诺)"的方式来应对,即学会适当的拒绝。

附5:

不要自卑,做最好的自己

也许你想成为太阳,可你却只是一颗星辰;

也许你想成为大树,可你却只是一棵小草;

也许你想成为大河,可你却只是一泓山泉;

于是你很自卑。

你总以为命运在捉弄自己。生活中我们常常欣赏别人,挑剔自己,总是在种种诱惑、种种挫伤之后,把自己修剪成别人喜爱的模样,而从不给自己一点安慰,一点鼓励,没有心思去欣赏自己。

生活中不是缺少美,而是缺少发现。其实,你不必这样:欣赏别人的时候,一切都好;审视自己的时候,却总是很糟。和别人一样,你也沐浴阳光,你也呼吸空气,也有寒来暑往。每个人都是一道亮丽的风景。尽管这风景千差万别,或许不一定都是经典。然而,也许你很善良,也许你很豪爽,也许你很能干,也许你很仗义,也许你很聪明,也许你很忠厚……

尽管我们并不完美,但每个人都有自己的闪光点。先相信你自己,然后别人才会相信你。多发现自己身上的优点,尊敬自己,扬长避短,你才会变得日趋完美。

做不了太阳,就做星辰,在自己的星座发热发光;

做不了大树,就做小草,以自己的绿色装点希望;

做不了伟大,就做实在的自我,平凡并不自卑,做最好的自己。

每个人来到这个世上都是独一无二的。不必总是欣赏别人,常常欣赏自己,你会不经意间发现,其实自己鲜活而真实,其实自己天真也可爱。平淡中蕴含着神奇,渺小中珍藏着伟大。在人生旅途上,尽管没有芳馨的鲜花为我们添香,却有希望的绿野为我们舒展;尽管没有雷鸣的掌声为我们喝彩,却有恒久的信念矗立心头。

学会欣赏自己,在无人为你鼓掌的时候,给自己一些鼓励;在无人为你拭泪的时候,给自己一丝安慰;在别人嘲笑你的时候,给自己一份自信;在人生最失意的时候,给自己一个微笑。昂起头,抖落昨日的疲惫与无奈,抚去昨日的伤痛和泪水。迎着黎明,扬起风帆,踏上新的征程,驶向梦想的彼岸!

附6：

宽容是种美

在人生的道路上，我们总会遇到曲曲折折、坎坎坷坷。灿烂的阳光下，也有阴暗的角落；风和日丽的天空，也会有乌云飘来的时候；巨轮航行在大海上，经常会遇到狂风恶浪的挑战；车辆奔驰在大地上，经常有高山大河的阻碍；在人与人相处的过程中，也会遇到形形色色的人，或善解人意，知书达理；或心胸狭窄，蛮不讲理；或愤世嫉俗，感情用事；或宽容大度，冷静沉着……

荀子曾经说："群子贤而能容墨，知而能容愚，博而能容浅，粹而能容杂。"西谚曰："世界上最大的是海洋，比海洋更大的是天空，比天空更广阔的是人的胸怀。"这里讲的就是宽容为怀的道理。宽容是一种博大的胸怀，是一种崇高的美德。尊重别人就是尊重自己，宽容别人，才会给自己带来广阔的天空。

宽容别人，首先要学会宽容自己。当你遇到挫折的时候，自己要保持良好的心态，要有战胜困难的信心和勇气。别人不理解其实并不可怕，可怕的是我们对自己失去了信心。高山不理解流泉，设置了许多路障，泉水却永不停歇，绕过顽石，跳下断崖，变成了飞瀑，汇成了大江，奔向浩瀚的大海。船不理解岸，总要离去，但岸总是等待着，永远张开宽大的臂膀。太阳不理解月亮，不喜欢她惨白的光，月亮却永远追随着太阳，当太阳落山后，她却用淡淡的柔光照亮整个黑夜。

宽容是以辽阔的胸襟容纳百种智慧，辉映出聪慧的文化品格。宽容是一种与人相处的素质，一种时代崇尚的品德，更是吸纳他人长处，充实自我，创造自我价值的良好思维品质。宽容是塑造一个健康的社会文化氛围，使每个人的个性、天分和志趣得到尊重和发展，使我们生存的社会成为百花争艳的世界。

让我们多一些宽容，少一些争吵；多一些宽容，少一些埋怨；多一些宽容，少一些猜疑；多一些宽容，少一些磨擦；多一些宽容，少一些忧愁。

让我们多一些宽容,多一份爱心;多一些宽容,多一份开心;多一些宽容,多一份信任;多一些宽容,多一片辽阔的天空;多一些宽容,多一片灿烂的阳光!漫步人生路,拥有几个真正的知己!无论是欢乐、幸福,还是失落、悲伤,请让我们一起走过。学会宽容,让我们用心去呵护我们纯洁的友谊吧。

附7:

心宽路自宽

"心宽一寸,受益三分"

心宽路就宽,心窄路就窄。

不争,自然能得到人们的尊崇。

能忍则忍,一忍百安。

爱你的敌人,最高贵的复仇是宽容。

学会适应他人,不要奢望他人适应自己。

不显山不露水,把聪明收藏起来。

对人友善,别人也能友善地对待你。

帮助他人的人,也会获得他人的相助。

采取"守拙"的方法保护自己。

和为贵,要善于团结周围的人。

该收敛时收敛,该隐忍时隐忍。

要有气度,生活不会亏待有雅量的人。

待人要厚道,让善念相伴一生。

径路窄处,留一步与人行。

成全他人,就是成全自己。

少生气,多争气。

"命好不如心态好"

要改变你的世界,先改变你的心态。

你能飞多高,全由你的心态制约。

将自己置于幸运的基点上。
心态好,一切才会向好的方向转变。
调整心态,把痛苦转化为能量。
懂得平衡心态,烦恼就比别人少。
选择人生最积极的一面。
决定成败的关键是心态,而不是智商。
有怎样的心态,就有怎样的未来。
控制心态,别让心态控制你。
要想在事业上成功,85%靠的是态度。
乐观的心态最重要。
任何事情即使再坏,也有好的一面。
生活在天堂还是地狱,取决于你的态度。
无法改变过去,但可改变现在。
"学会放松,人生轻松"
好心情从自我放松开始。
别让他人掌控自己的心灵。
活的方法不同,活的心情就不同。
处境可以不如意,但心灵不可以低下。
把自己从坏心情中解脱出来。
消气是获得好心情的法宝。
好心情来自"一念之差"。
好心情就像风景,要懂得去欣赏。
努力摆脱自寻烦恼的困境。
心胸开阔才能带来健康。
善待自己,就是对人生负责。
勇敢地打破"心理牢笼"。
拥有从容的心境,心灵便会安怡。

心情好，人生就会变得美好起来。
体会到人生的乐趣，给心情放个假。
别杞人忧天，忧愁于事无补。
学会把苦恼化作欢乐。
输什么也不能输心情。
宽容自己，别和自己过不去。
"控制情绪，就能掌控局势"
坏情绪是幸福的"杀手"。
学会操纵情绪的"转换器"。
任何憎恨都是不值得的。
别给自己的精神套上枷锁。
有了好脾气，才会有好运气。
学会控制自己的感情。
不急不躁，随遇而安。
浮躁心理不可有。
不要被内疚情绪包围。
找到移去痛苦的杠杆。
把自己从紧张中释放出来。
消除幻想，保持思维开阔。
走出悲伤和情绪低落的怪圈。
抑制愤怒，平衡情绪。
放宽心胸，不要没有根据地猜疑。
控制情绪，学会应变。
"用平常心，面对平凡的生活"
学会享受精彩的生活。
每天都是好日子。
多点生活的韵味，品尝生活的甘怡。

静下心来感悟生活的美。
过自己的生活,别太在意别人的意见。
要忍耐生活中的痛苦。
多一分爱好,多一分生活的情趣。
欣赏音乐,会为你的生活增添色彩。
珍惜生命,懂得生命的珍贵。
单纯地生活,远离争斗与喧闹。
为自己创造一种新生活。
不要在意年龄,兴致勃勃地活好每一天。
充满激情地生活,从平凡中体会甘甜。
正确驾驭金钱,不要被金钱所驾驭。
认识到工作的目的不仅仅是为了金钱。
对自己的境遇保持平和的心态。
习惯改变一小步,人生变化一大步。
"创造快乐,把幸福抓在手中"
好好活着就是幸福。
抓在手里的幸福才是实在的。
努力让自己先快乐起来。
痛苦与快乐只有一墙之隔。
学会为自己创造快乐。
谁能抓住快乐,谁就能获得快乐。
选择幸福,你就幸福。
自给自足,是幸福最主要的因素。
幸福就在生活里的每一件小事中。
经常练习快乐,你就能快乐。
没有人是完美的,别把缺陷当遗憾。
永远选择往前看。

"理智地选择,潇洒地放弃"
做出正确的取舍,才能把握命运。
没有放弃就不会有新的收获。
肯舍,才能获得更多。
明智的放弃才是人生应取的态度。
失之东隅,收之桑榆。
懂得放下,不要不该要的。
理智地放弃比愚昧地坚持更有价值。
与其抱残守缺,不如断然放弃。
不懂得割舍,就有可能失去更多。
有错误的选择,就会有错误的人生。
放弃空洞的目标,选择适合自己的。
不固执,选择善意的谎言。
踏实努力,放弃投机取巧的心态。
要明白鱼和熊掌不可兼得。
"相信自己,自信的人生最美丽"
信心是获取成功的核心力量。
正确地评价自己,不自我贬低。
要有永争第一的勇气和精神。
珍惜自己,不要在意他人的看法。
先相信自己,然后别人才会相信你。
克服自卑,培养自信。
要有不断超越自我的信心。
主宰自己,相信自己是最棒的。
认识自我,了解自我。
有信心的人不会消沉、沮丧。
努力使自己成为人生的主角。

人生没有"绝不可能"的事情。

"藐视困难的人,才能战胜困难"

人生没有真正的绝境。

视挫折为财富,才会获得成功的桂冠。

永远不向恶劣的环境低头。

厄运来临时,要选择坚强面对。

无论处境如何,都要学会负责。

艰苦的环境,能锻造出坚毅的性格。

解决困难最好的对策就是正视它。

多想办法,不要在一棵树上吊死。

不为失败者找借口。

附8:

送给所有不开心的人

逃避不一定躲得过,面对不一定最难受,孤单不一定不快乐;

得到不一定能长久,失去不一定不再有,转身不一定最软弱。

别急着说别无选择,别以为世上只有对与错,许多事情的答案都不只有一个;

别以为这个世界除了黑就是白,在黑与白之间还有很长的一段灰色地带,所以我们一定有路可走。

你能找个理由难过,也一定能找个快乐的理由。

懂得放心的人找到轻松,懂得遗忘的人找到自由,懂得关怀的人找到朋友。

人的长大伴随着一些失落,人的成熟附带着一些伤痕。

好在人与人之间距离产生美,好在生命里快乐比痛苦多;

好在这个世界还有很多美丽,好在当你成熟的时候还不算一无所有。

附9：

一位父亲给女儿的九条人生忠告

1. 对你不好的人，你不要太介怀，在你一生中，没有人有义务要对你好，除了我和你妈妈。对你好的人，你一定要珍惜、感恩。

2. 没有人是不可代替，没有东西是必须拥有。看透了这一点，将来就算你失去了世间最爱的一切时，也应该明白，这并不是什么大不了的事。

3. 生命是短暂的，今天或许还在浪费着生命，明日会发觉生命已远离你了。因此，愈早珍惜生命，你享受生命的日子也愈多，与其盼望长寿，倒不如早点享受。

4. 爱情只是一种感觉，而这感觉会随时日、心境而改变。如果你的所谓最爱离开你，请你耐心地等候一下，让时日慢慢冲洗，让心灵慢慢沉淀，你的苦就会慢慢淡化。不要过分憧憬爱情的美，不要过分夸大失恋的悲。

5. 虽然，很多有成就的人士都没有受过很多教育，但并不等于不用功读书，就一定可以成功。你学到的知识，就是你拥有的武器。人，可以白手起家，但不可以手无寸铁，谨记！

6. 我不会要求你供养我下半辈子，同样地我也不会供养你的下半辈子，当你长大到可以独立的时候，我的责任已经完结。以后，你要坐巴士还是奔驰，吃鱼翅还是粉丝，都要自己负责。

7. 你可以要求自己守信，但不能要求别人守信，你可以要求自己对人好，但不能期待人家对你好。你怎样对人，并不代表人家就会怎样对你，如果看不透这一点，你只会徒添不必要的烦恼。

8. 我买了二十六年的六合彩，还是一穷二白，连三等奖也没有中，这证明人要发达，还是要努力工作才可以，世界上并没有免费的午餐。

9. 亲人只有一次的缘分，无论这辈子我和你会相处多久，也请好好珍惜共聚的时光，下辈子，无论爱与不爱，都不会再见。

附10：
名言名句

- 人只要不失去方向,就不会失去自己。
- 我内心已有非常好的保障,若一个人不知足,即使拥有很多财产也不会感到安心。举例来讲,如果看着比尔·盖茨的财富和你自己的距离那么大,那么你永远不会快乐。重要的是内心的安静,表面看来很忙,但内心其实没有波动,因为自知做着什么工作。我知足,但不表示没有上进心。
- 每天告诉自己一次,我真的很不错。
- 生活中若没有朋友,就像生活中没有阳光一样。
- 发光并非太阳的专利,你也可以发光。
- 获致幸福的不二法门是珍视你所拥有的、遗忘你所没有的。
- 贪婪是最真实的贫穷,满足是最真实的财富。
- 爱的力量大到可以使人忘记一切,却又小到连一粒嫉妒的沙石也不能容纳。
- 只要有信心,人永远不会挫败。
- 人若软弱就是自己最大的敌人。人若勇敢就是自己最好的朋友。
- 有希望在的地方,痛苦也成欢乐。
- 所有的胜利,与征服自己的胜利比起来,都是微不足道。
- 得意时应善待他人,因为你失意时会需要他们。
- 好好扮演自己的角色,做自己该做的事。
- 孤单寂寞与被遗弃感是最可怕的贫穷。
- 你不能左右天气,但你能转变你的心情。
- 要克服生活的焦虑和沮丧,得先学会做自己的主人。
- 要纠正别人之前,先反省自己有没有犯错。
- 不如意的时候不要尽往悲伤里钻,想想有笑声的日子吧。

- 如你想要拥有完美无瑕的友谊,可能一辈子找不到朋友。
- 快乐不是因为拥有的多而是计较的少。
- 把你的脸迎向阳光,那就不会有阴影。
- 理想的路总是为有信心的人预备着。
- 有勇气并不表示恐惧不存在,而是敢于面对恐惧、克服恐惧。
- 乐观者在灾祸中看到机会;悲观者在机会中看到灾祸。
- 天才是百分之一的灵感加上百分之九十九的努力。
- 如果你曾歌颂黎明,那么也请你拥抱黑夜。
- 美好的生命应该充满期待、惊喜和感激。
- 世上最累人的事,莫过于虚伪地过日子。
- 觉得自己做得到和做不到,其实只在一念之间。
- 问候不一定要郑重其事,但一定要真诚感人。

附11:

比尔·盖茨的忠告

1.生活是不公平的,你要去适应它。

2.这个世界并不会在意你的自尊,而是要求你在自我感觉良好之前先有所成就。

3.刚从学校走出来时你不可能一个月挣6万美元,更不会成为哪家公司的副总裁,还拥有一部汽车,直到你将这些都挣到手的那一天。

4.如果你认为学校里的老师过于严厉,那么等你有了老板再回头想一想。

5.卖汉堡包并不会有损于你的尊严。你的祖父母对卖汉堡包有着不同的理解,他们称之为"机遇"。

6.如果你陷入困境,那不是你父母的过错,不要将你理应承担的责任转嫁给他人,而要学着从中吸取教训。

7.在你出生之前,你的父母并不像现在这样乏味。他们变成今天这个样子是因为这些年来一直在为你付账单、给你洗衣服。所以,在对父母喋喋不休之前,还是先去打扫一下你自己的屋子吧。

8.你所在的学校也许已经不再分优等生和劣等生,但生活却并不如此。在某些学校已经没有了"不及格"的概念,学校会不断地给你机会让你进步,然而现实生活完全不是这样。

9.走出学校后的生活不像在学校一样有学期之分,也没有暑假之说。没有几位老板乐于帮你发现自我,你必须依靠自己去完成。

10.电视中的许多场景决不是真实的生活。在现实生活中,人们必须埋头做自己的工作,而非像电视里演的那样天天泡在咖啡馆里。

11.善待你所厌恶的人,因为说不定哪一天你就会为这样的一个人工作。

名人故事

名人故事1:

把自己的全部都献给科学事业——法拉第

法拉第的父亲是个铁匠,从小他是听着叮当的锤声长大的。到了上学的年龄,因为贫穷,法拉第没能进入学校,相反,他按照父亲的设计成了一个手工艺工人,就这样,从小法拉第就不知道校园生活是什么滋味。

13岁时,法拉第在一家书店的装订厂成为一名学徒。走进了书的海洋,小法拉第猛然间发现自己的世界大了,他从没想到世上竟有这么多奇妙的自己不知道的事物。法拉第欣喜若狂,他将全部热情投入到了读书中,尤其是在《大英百科全书》中读到了有关电学的知识后,小法拉第更是发现了自己的兴趣所在,他用自己仅有的一点钱购买来简单的实验仪器,决定为科学奋斗终身。

法拉第读了许多书,从初级到高级,他读哲学书也读科学书,即使那些根本读不懂的书,法拉第也不厌其烦地把它读下去。他最喜欢的是一本有关化学实验的书,尽管要想读懂此书是如此不易。法拉第依照书中的介绍一个接一个地做实验,那些日子简直是他最快乐的日子。

1810年的一天,法拉第路过一个店铺,店铺的窗户上贴了一个告示:每晚6时将有关于自然哲学方面的演讲,每次的听课费是一先令。虽然钱不算多,但对法拉第来说,他还是被难住了,是哥哥发现了法拉第的困难,他拿出钱来,支持弟弟去听讲。从此,法拉第多次到那里去听讲,每一次听讲他都仔细做了笔记,甚至为画好图,他还专门向一位美术家学了画画。

1812年,21岁的法拉第有幸听到了著名化学家戴维的4次演讲,他被陶醉了。思考再三,法拉第给戴维写了一封信表示了他渴望做科学研究的愿望,并随信附上了他精心整理的听课笔记。戴维被法拉第打动了,他推荐法拉第到皇家科学院实验室做他的助手。

戴维为法拉第创造了机会,但是法拉第之所以能成功,最主要还是靠他的勤奋。他几十年如一日勤奋工作,从未停止过他的研究,他失败过,甚至失败得很惨,但他从不服输,跌倒了,再爬起来,一次比一次更用心,一次比一次更勤奋。

法拉第把自己的全部都献给了科学事业,他性格坚韧,勇于探索,勤奋使他获得了很大成就,但是他却从未因此而骄傲过。1851年,英国皇家学会一致推选他为会长,英王还授予他爵位,他都坚决地推辞了。他退休以后一直和妻子一起过着平民的生活,最后安静地死在他的书房中。按照他的遗嘱,人们把他的遗体安葬在海洛特平民公墓。但是人们还是永久地记住了他,为了表彰他对科学的贡献,人们用他的名字命名了电容的单位。

名人故事2:

成功者的奥秘

1921年6月2日,电报诞生整整25周年。美国《纽约时报》针对这一历史性的发明,发表了一篇简短的社论,其中传达的一个重要信息是:

现在人们每年接受的信息量是25年前的50倍。对这一消息,当时在美国至少有16人作出了反应。那就是,创办一份文摘性刊物,让人们能在浩如烟海的信息中,尽快获得自己需要的东西。这16人中,有律师、作家、编辑、记者,甚至还有一位名叫瑟·麦卡锡的国会议员,他们都认为这类刊物必定有广阔的市场。在不到3个月的时间里,他们都到银行存了500美元的法定资本金,并领取了执照。然而,当他们到邮电部门办理有关发行手续时,却被告知,该类刊物的征订和发行暂时不能代理,如需代理至少要等到明年中期选举过后。

得到这一答复,其中的15人为了免交执业税,向管理部门递交了暂缓执业的申请。只有一位叫德威特·华莱士的年轻人没有理睬这一套,他回到他的暂住地——纽约格林威治村的一个储藏室,和他的未婚妻一起糊了2000个信封,装上征订单运到邮局寄了出去。

从此世界出版史上的一个奇迹就诞生了。到2002年6月30日,他们创办的这份文摘类刊物——《读者文摘》已拥有19种文字、48个版本,发行范围达127个国家和地区,订户1亿人,年收入5亿美元。

为什么世界上聪明人很多,而成功者很少?是不是因为很多聪明人在已经具备了不少可以成功的条件时,仍在苛求更多的捷径,从而失去了机会。而成功者不会等待万事俱备。

名人故事3:

只追前一名

8岁的她身体纤弱,每次跑赛都落到最后。这让好胜心极强的她感到非常沮丧,甚至害怕上体育课。妈妈安慰她说:"跑最后一名没有关系,但是一定要记住,下一次你的目标是只追你前一名同学。"

小女孩点了点头。再跑步时,她就奋力追赶她前面的同学。结果,每次只追前一名,到了学期末,她的跑步成绩已到了中游水平,而且慢慢喜欢上了体育课。

9岁时,她把"只追前一名"的理念应用到学习中。

2001年,这个只追前一名的女孩从北京大学毕业,并被哈佛大学以全额奖学金录取,成为当年哈佛教育学院录取的唯一一位中国应届本科毕业生。

她的名字叫朱成。其后,朱成在哈佛继续攻读硕士学位、博士学位。读博期间,她当选为拥有11个研究生院、1.3万名研究生的哈佛大学研究生总会主席。这是哈佛370年历史上第一位中国籍学生出任该职位,引起了巨大轰动。"只追前一名",真实而又适度的期望,引领她脚踏实地、胸有成竹地朝前走。"只追前一名"的理念不像其他的大道理那样难懂,它简单易行,很容易激起自信心和斗志,目标虽小但是具体。在实现这个目标时,会心无杂念,扎扎实实、认认真真地去做。在一次次小的成功中,你得到了他人的认可和赏识,就会逐步走向大的成功,也许就会做出一番大的事业来。

名人故事4:

分苹果

秋天到了。一个早晨,鸟儿在树上唱歌,树叶和花草上的露珠在初升的太阳光中闪烁。华盛顿的爸爸一手拉着小华盛顿,一手拉着他的表哥走进了一片苹果园中,只见一株株苹果树果实累累,压满枝头。华盛顿的爸爸说:"嗨,儿子,"他指了指满园的果树,"瞧这儿,我的孩子,这许许多多的苹果都是你的。"华盛顿一听高兴地拍起了手。

爸爸低下头对他说:"你还记得春天表哥来时带来的那个又大又红的苹果吗?"华盛顿一听低下了头,他用脚在松软的泥土上划来划去,不知说什么好。过了一会儿,他抬起头,泪水晶莹地望着爸爸,柔声说:"爸爸,就原谅我这一次吧,我今后再也不那么小气了。"这是怎么回事呢?原来华盛顿的表哥在春天时到他家来做客,带给小华盛顿一个大苹果,爸爸告诉他要分给兄弟姐妹们吃,可华盛顿怎么也不肯。爸爸给他讲了许多道理,可华盛顿还是不听,直到后来爸爸对他保证说:"只要你愿意把苹果分给大家一起吃,作为奖赏,万能的上帝就会在秋天送给你许许多多的苹果。"他才将苹果分给了别人。今天,爸爸带他到这儿来,就是要小华盛顿明白一个道理。

名人故事5:

比尔·盖茨的童年故事

小盖茨在学校里学习出众,这是众人所公认的,而且记忆力尤其令人吃惊。他的英文老师安妮·史蒂芬斯对小盖茨的记忆力印象深刻。在学校一次名为《黑色喜剧》的戏剧演出中,小盖茨出人意料地将一段长达3页的独白背诵出来,而且完整无误,令许多同学羡慕不已。他的学科老师回忆道,每当教师讲课中出现由于犹豫而吞吞吐吐的情况时,盖茨似乎总是要脱口而出:"这就是……"。

还有更令人吃惊的事,小盖茨11岁时,参加了一次背诵大赛。这事还得慢慢说起。

小盖茨小时候上的是公理会的教会学校,参加过唱诗班和童子军。尽管他对宗教之类的《圣经》并不太感兴趣,但也读过一些。那一次,西雅图大学社区公理会教堂德高望重的牧师戴尔·泰勒,向盖茨所在的班级宣布:"谁要是背诵出《马太福音》5～7章的全部内容,就会被他邀请去西雅图的'太空针'高塔餐厅参加免费聚餐会。"

不过,要获得与泰勒牧师在这家餐厅共进晚餐的机会决非易事,因为"世上没有白吃的午餐"。在几十年教书生涯中,戴尔·泰勒形成了一个惯例:每年都要求他的学生背诵这几个章节。说实话,这几个章节既长又松,连贯性不强,还很拗口。据牧师说,他至今还没有遇见一个学生能够一字不漏完整地背下来。但是,盖茨却做到了。

小盖茨信心十足、抑扬顿挫地背了起来:

"……耶稣看见这么多人,就坐下,门徒到他面前来,他就开始教导他们,'虚心的人有福了!因为天国是他们的。哀恸的人有福了!因为他必得安慰。温和的人有福了!因为他们承受土地。饥渴的人有福了!因为他们必得饱足。怜恤的人有福了!因为他们心蒙怜恤。清新的人有福了!因为他们必得见神……'"

接着又一口气背下去:

"耶稣讲了这些话,众人都稀奇他的教导;因为他教导他们,正像一个有权柄的人,不像他们的……"

一口气,朗朗有声,没有一个错误,没有一处卡壳。

11岁的孩子竟然有如此惊人的记忆力,实在令人震惊!泰勒后来回忆说:"只有那天到了他家,才知道他具有一种特殊的才能,是一个与众不同的孩子。我无法想象他竟有如此高的天赋。……他喜欢接受挑战。尽管'太空针'高塔的聚会极富诱惑力,但是大多数接受挑战的孩子并没有为此付出艰辛努力,只有比尔·盖茨做到了。"

牧师随后就这段文字向小盖茨提了几个问题,都得到了比较令人满意的回答。牧师当时不禁问小盖茨是怎么背下这么长的文字的。

小盖茨不假思索地回答:"只要我竭尽全力,我就能做成任何我愿意做的事情!"

是狂妄还是自信,以后的事实给出了明确的回答。在"太空针"高塔豪华旋转餐厅里,小盖茨与其他31位勉强背完这几个章节的获胜者一道同泰勒牧师共进晚餐。他非常高兴,因为这似乎是他获得的第一个大胜利。当小盖茨第一次居高临下地俯视西雅图充满神秘的夜景时,他对未来不禁充满了成功的憧憬,心潮也澎湃起来。

名人故事6:

爱因斯坦着装很朴素

爱因斯坦是德裔美国物理学家,思想家及哲学家,犹太人,现代物理学的开创者和奠基人。1999年12月26日,爱因斯坦被美国《时代周刊》

评选为"世纪伟人"。

爱因斯坦终生从事科学研究，事业心非常强。他一心从事研究，从不讲究穿着，着装一般很朴素。

爱因斯坦还未成名时，有一次在纽约街头，碰见了一个熟人。那人见他穿得很寒酸，就问他："你怎么穿得这么破啊？"爱因斯坦笑着说："反正这里也没人认识我。"

多年以后，爱因斯坦成为了伟大的科学家。有一天，在纽约的街上，他又碰见了那位熟人。对方上上下下打量了爱因斯坦一番，惊讶地问道："你怎么还是穿得这么破？"爱因斯坦依然笑着回答说："反正这里的人都认识我。"

一次，比利时国王和王后慕名邀请爱因斯坦前去做客，他们按约定时间派司机去接爱因斯坦。大约半小时后，司机开着空车回来了。原来爱因斯坦穿着满是尘土的破雨衣和破皮鞋去赴约，而司机以貌取人没有认出爱因斯坦来。

为了支持西班牙人民的反法西斯斗争，爱因斯坦应邀将自己相对论的手稿捐给了西班牙。那本手稿卖给了一位收藏家，所得的全部款项都捐给了西班牙人民。后来，美国国会图书馆花了高达600万美金，将其收藏。

名人故事7：

诺贝尔把挫折踩在脚下

1864年9月3日这天，寂静的斯德哥尔摩市郊突然爆发出一连串震耳欲聋的巨响，滚滚的浓烟霎时冲上天空，一股股火苗直往上蹿。仅仅几分钟时间，一场惨祸发生了。当惊恐的人们赶到出事现场时，只见原来屹立在这里的一座工厂已荡然无存，无情的大火吞没了一切。火场旁边，站着一位30多岁的年轻人，突如其来的惨祸和过度的刺激，已使他面无血色，浑身不住地颤抖着。这个大难不死的青年，就是后来流芳百世的大化学家诺贝尔。

诺贝尔眼睁睁地看着自己所创建的硝化甘油炸药的实验工厂化为灰烬。人们从瓦砾中找出了5具尸体，其中一个是诺贝尔正在大学读书的、活泼可爱的弟弟，另外4人也是和他朝夕相处的亲密助手。烧焦的5具尸体令人惨不忍睹。

诺贝尔的母亲得知小儿子惨死的噩耗，悲痛欲绝。年老的父亲因受了太大的刺激引发脑溢血，从此半身瘫痪。然而，诺贝尔在失败和巨大的痛苦面前却没有动摇。

惨案发生后，警察当局立即封锁了出事现场，并严禁诺贝尔恢复自己的工厂。人们像躲避瘟神一样避开他，再也没有人愿意出租土地让他进行如此危险的实验。

这一连串挫折并没有使诺贝尔退缩。几天以后，人们发现，在远离市区的马拉仑湖上，出现了一只巨大的平底驳船，驳船上并没有什么货物，而是摆满了各种设备，一个青年人正全神贯注地进行一项神秘的实验。他就是在大爆炸后被当地居民赶走了的诺贝尔！

大无畏的勇气往往会令死神也望而却步。在令人心惊胆颤的实验中，诺贝尔没有同他的驳船一起葬身鱼腹，而经过多次试验，他发明了雷管。雷管的发明是爆炸学上的一项重大突破。接着，他又在德国的汉堡等地建立了炸药公司。

一时间，诺贝尔生产的炸药成了抢手货，源源不断的订货单从世界各地纷至沓来，诺贝尔的财富与日俱增。

然而，获得成功的诺贝尔并没有摆脱挫折。

不幸的消息接连不断地传来：在旧金山，运载炸药的火车因震荡发生爆炸，火车被炸得七零八落；德国一家著名工厂因搬运硝化甘油时发生碰撞而爆炸，整个工厂和附近的民房变成了一片废墟；在巴拿马，一艘满载着硝化甘油的轮船，在大西洋的航行途中，因颠簸引起爆炸，整个轮船葬身大海……

面对接踵而至的灾难和困境,诺贝尔没有被吓倒,没有被压垮,更没有一蹶不振,他身上所具有的毅力和恒心,使他对已选定的目标义无反顾,坚忍不拔。在奋斗的路上,他已习惯了与死神朝夕相处。

诺贝尔把挫折踩在了脚下,赢得了巨大的成功。他一生共获专利发明权355项。他用自己的巨额财富,创立的诺贝尔科学奖,被科学界视为一种至高无上的荣誉。

在现实生活中,我们也在为人生的理想不懈地奋斗,但一旦遇到挫折和不幸,我们极易选择放弃和退缩,那将一事无成。诺贝尔说:"坚忍不拔的勇气是实现目标过程中不可缺少的条件!"

名人故事8:

爱迪生的故事

爱迪生一生只上过三个月的小学,他的学问是靠母亲的教导和自修得来的。他的成功,应该归功于母亲自小对他的谅解与耐心的教导,才使原来被人认为是低能儿的爱迪生,长大后成为举世闻名的"发明大王"。

爱迪生从小就对很多事物感到好奇,而且喜欢亲自去试验一下,直到明白了其中的道理为止。长大以后,他就根据自己这方面的兴趣,一心一意做研究和发明的工作。他在新泽西州建立了一个实验室,一生共发明了电灯、电报机、留声机、电影机、磁力析矿机、压碎机等总计两千余种东西。爱迪生的强烈研究精神,使他对改进人类的生活方式,作出了重大的贡献。

"最大的浪费莫过于浪费时间。"爱迪生常对他的助手说,"人生太短暂了,要多想办法,用极少的时间办更多的事情。"

一天,爱迪生在实验室里工作,他递给助手一个没上灯口的空玻璃灯泡,说:"你量量灯泡的容量。"他又低头工作了。

过了好半天,他问:"容量多少?"他没听见回答,转头看见助手拿着软尺在测量灯泡的周长、斜度,并拿了测得的数字伏在桌上计算。他说:"时间,时间,怎么浪费那么多的时间呢?"爱迪生走过来,拿起那个空灯泡,向里面斟满了水,交给助手,说:"把里面的水倒在量杯里,马上告诉我它的容量。"

助手立刻读出了数字。

爱迪生说:"这是多么容易的测量方法啊,又准确,又节省时间,你怎么想不到呢?还去算,那岂不是白白地浪费时间吗?"

助手的脸红了。

爱迪生喃喃地说:"人生太短暂了,太短暂了,要节省时间,多做事情啊!"

名人故事9:

韩信受胯下之辱

韩信是汉初著名军事家。他年少时,父母双亡,家境贫寒,但他却刻苦读书,熟读兵法,心怀安邦定国之抱负。苦于生计无着,于不得已时,在熟人家里吃口闲饭,有时也到淮水边上钓鱼换钱,屡屡遭到周围人的歧视和冷遇。一次,一群恶少当众羞辱韩信。有一个屠夫对韩信说:"你虽然长得又高又大,喜欢带刀配剑,其时你胆子小得很。有本事的话,你敢用你的配剑来刺我吗?如果不敢,就从我的裤裆下钻过去。"韩信自知形只影单,硬拼肯定吃亏。于是,当着许多围观人的面,从那个屠夫的裤裆下钻了过去。史书上称之为"胯下之辱"。

忍辱负重,多年后,韩信以项羽帐下执戟卫士的低微身份,几年内登坛拜将,屡建奇勋,终成为左右楚汉战争的一方诸侯。这位叱咤风云的军事人物,其用兵之道,为后世兵家所推崇。

名人故事10：

名人成长故事

其实和你一样——他出身卑微，却身怀远大理想。多年前，他在1983年版的《射雕英雄传》中扮演那个宋兵乙，为增添一点点戏份，他请求导演安排"梅超风"用两掌打死他，结果被告之只能被一掌打死。这个年轻时被称作"死跑龙套的"卑微小人物，第一次当着导演的面谈到演技时，在场的人无一例外都哄堂大笑。但他依然不断思索、不断向导演"进谏"，直至2002年自己当上导演。那年，他获得了金像奖"最佳导演奖"。

其实和你一样——上世纪90年代，在一趟开往西部的火车上，梳着分头、戴着近视眼镜的他看上去朝气蓬勃，内心却带有微微的彷徨。那时的他严肃乏味，常常独坐好几个小时不说话。后来转行做主持人，1998年他第一次主持的电视节目播出时，他发现自己说的话几乎全被导演剪掉了。他让身为制片人的妻子准备了一个笔记本，把自己在主持中存在的问题一一记录下来，哪怕是最细微的毛病都不肯放过，然后逐条探讨、改正。即使今天其身价已过4亿，成为中国最具影响力的主持人，他仍未放弃面"本"思过。

其实和你一样——10年前，他是大学里的"小混混"，由于经常逃课而被老师责备。毕业后被分到当地的电信局当小职员，面对冗杂的机关工作，他感到既劳累又苦恼，后来他勇敢而果断地辞了职，然后自创网站，从而走向中国互联网浪潮的浪尖，他在2003年福布斯中国富豪榜中居第一位。

其实和你一样——5年前的他是一个防盗系统安装工程师，依他的说法，"就是跟水电工差不多的工作"，"有时候装监视系统要先挖洞，一旦想到歌词就赶快写一下！"当年的他就是这么边干活边写词，半年积累了两百多首歌词，他选出一百多首装订成册，寄了100份到各大唱片公司。"我当时估计，除掉柜台小妹、制作助理、宣传人员的莫名其妙、减半再减半地选择性传递，只有12.5份会被制作人看到吧，结果被联络的几率只有1％。"其实那1％就是100％！1997年7月7日凌晨,他正准备去做安装防盗工作,有人打电话给他,那个人叫吴宗宪,同时走运的还有另一个无名小卒——周杰伦。他和周杰伦合作的歌从没人要,到要曲不要词,慢慢地词曲都要,之后单独邀词。

可能你已经猜到他们是谁了,一个是周星驰,一个是李咏,一个是丁磊,一个是方文山。他们是目前中国最具知名度的人中的一部分。

他们在成名前和你并无多大不同。不要抱怨贫富不均,生不逢时,社会不公,机会不等,制度僵化,条理繁复,伯乐难求。要知道,其实每个人都平等地享有出人头地的机会。明天,或者明年,同样会诞生像他们一样成功的人,就看是不是今天的你。

名人故事11：

林肯——忍让的故事

一天,陆军部长斯坦顿来到林肯那里,气呼呼地对他说一位少将用侮辱的话指责他偏袒一些人。林肯建议斯坦顿写一封内容尖刻的信回敬那家伙。

"可以狠狠地骂他一顿。"林肯说。

斯坦顿立刻写了一封措辞强烈的信,然后拿给总统看。

"对了,对了。"林肯高声叫好,"要的就是这个！好好训他一顿,真写绝了,斯坦顿。"

但是当斯坦顿把信叠好装进信封里时,林肯却叫住他,问道："你要干什么？"

"寄出去呀。"斯坦顿有些摸不着头脑了。

"不要胡闹。"林肯大声说,"这封信不能发,快把它扔到炉子里去。凡是生气时写的信,我都是这么处理的。这封信写得好,写的时候你已经解了气,现在感觉好多了吧,那么就请你把它烧掉,再写第二封信吧。"

经典励志名句

1. 一笔一画关乎成绩,一字一句决定人生。
2. 考试十分钟,平时十年功。
3. 不要等待机会,而要创造机会。
4. 态度决定命运。
5. 量变引起质变,知识重在积累。
6. 有怎样的开始,就有怎样的结束。
7. 行动是通往知识的唯一道路。
8. 快乐要懂得分享,才能加倍地快乐。
9. 良好的习惯永远是一个人成功的法宝。
10. 总结,就是为了在考试中不留下任何遗憾。
11. 良好的生活习惯对人的一生至关重要。
12. 一个今天胜过两个明天。
13. 经验是由痛苦中萃取出来的。
14. 闲事、闲话、闲思是学习的大敌。
15. 不要被失败吓倒,不要被胜利冲昏头脑。
16. 一个成功者只知抱定理想,向前行进。
17. 乐观地对待失败,成功就会向你招手。
18. 你不能左右天气,但你能转变你的心情。
19. 始终保持积极向上的精神状态,就会创造出惊人的成绩。
20. 积极的人在每一次失败中都看到机会。
21. 含泪播种的人一定能含笑收获。
22. 一个人最大的破产是绝望,最大的资产是希望。
23. 做对的事情比把事情做对重要。
24. 平时和考试一样,考试才会像平时一样。
25. 生活中若没有明天,就像生活中没有阳光一样。
26. 人只要不失去方向,就不会失去自己。

27.生命是一种过程而不是一个目的。苦和甜来自外界,体味幸福则来自内心。学会感恩,学会满足,让快乐溢满生命的花篮。只要心是晴朗的就没有雨天!

28.当你能飞的时候就不要放弃飞,当你能梦的时候就不要放弃梦,当你能爱的时候就不要放弃爱。生命太过短暂,今天放弃了明天就不一定能得到!

29.相处时需要包容,相恋时需要真心,争吵时需要沟通,孤独时需要人陪,难过时需要安慰,生气时需要冷静,快乐时需要分享。

30.如果有梦想,就追求吧,如果有希望,就努力吧;如果有机会,就把握吧;如果有目标,就奋进吧;如果有道路,就坚持吧;如果有幸福,就珍惜吧!

31.人生幸福三诀:不要拿自己的错误来惩罚自己;不要拿自己的错误来惩罚别人;不要拿别人的错误来惩罚自己。有了这三条,人生就不会太累了……

32.用快乐带动心情,用观念导航人生,用执着追求事业,用真诚对待朋友,用平淡对待磨难,用努力追求幸福,用感恩对待生活!

33.平静的湖面只有呆板的倒影,奔腾的激流才有美丽的浪花!幸福不是靠别人来布施,而是要自己去赢取!生命的意义在于不断挑战自己,战胜自己!

34.每当夜深人静的时候,望着那灿烂的夜空,我会感到那里充满了太多的梦想,于是告诉自己生命就像一场比赛,不争取就一定会失败!

35.朋友,不要叹息命运的坎坷。因为大地的不平衡,才有了河流;因为温度的不平衡,才有了春夏秋冬;因为人生的不平衡,才有了我们绚丽的生命。

36.凡事顺其自然,遇事处之泰然,得意之时淡然,失意之时坦然,艰辛曲折必然,历尽沧桑悟然。

37.复杂的事情简单做,简单的事情认真做,认真的事情重复做,重复的事情创造性地做。

38. 人言纷杂，保持自我；工作勤奋，娱乐适度；对待朋友，不玩心术；处理事务，不躁不怨；生活讲究，量入为出；知足常乐，一生幸福！

39. 成功源于发现细节，没有细节就没有机遇，留心细节意味着创造机遇。一件司空见惯的小事或许就可能是打开机遇宝库的钥匙！

40. 人生是条无名的河，是深是浅都要过；人生是杯无色的酒，是苦是甜都要喝；人生是首无畏的歌，是高是低都要和。愿你轻松对待自己，微笑对待生活！

41. 别驻足，梦想要不停追逐；别认输，熬过黑夜才有日出；要记住，成功就在下一步；路很苦，汗水是最美的书；尽情欢呼，相约巅峰共舞！

42. 人生短暂，不必计较太多得失！成功会被时间掩住光彩；失败会在岁月中淡化！人生最珍贵的不是"得不到"和"已失去"，而是现在能把握的幸福！

43. 换个方法思考，可以使问题变简单；换个立场看人，可以更宽容处世；换种心态看人生，可以得到更多美好。有时仅需换换角度，就可以改变自己的一生。

44. 雄心是成功路上的指南，信心是永不放弃的召唤，热心是成功者的胸怀，耐心是驱赶困难的利剑，责任心是迈向成功的必然！

45. 错过了晨曦，你可以欣赏暮霭；错过了春花，你可以接纳秋实；错过了太阳，你可以仰望星月；错过了昨天，你可以拥抱今天！

46. 如果你周围是一群鹰的话，那么你自己也会成为一只鹰；如果你是在一群山雀中间的话，那么你就看不到海阔天空。

47. 我们给了生活多少耕耘，生活就会赏赐我们多少果实。我们给了生活多少懒惰，生活就会回敬我们多少苦涩。

48. 静坐常思己过，闲谈莫论人非；能受苦乃为志士，肯吃亏不是痴人，敬君子方显有德，怕小人不算无能；退一步天高地阔，知足者人心常乐！

参考文献

【1】边玉芳.心理健康［M］上海.华东师范大学出版社.2007.

【2】李菊顺.中学生心理健康教育［M］北京.现代教育出版社.2008.

【3】冉超凤.黄天贵.高职中学生心理健康与成长［M］北京.科学出版社.2005.

【4】肖沛雄.陈国海.中学生心理与训练［M］广州.中山大学出版社.1999.

【5】贝弗莉·恩格尔.尊重你的愤怒［M］吕亚萍.译.上海.三联书店.2008.

【6】道尔·金特里.控制你的愤怒［M］周景刚.译.北京.机械工业出版社.2008.

【7】梁渠坤.青少年心理咨询案例分析与辅导［M］北京.中国科学技术出版社.2004.

【8】刘翔平.战胜考试焦虑［M］.北京.北京出版社.2001.

【9】孟昭兰.情绪心理学［M］.北京.北京大学出版社.2005.

【10】叶素真.曾振华.情绪管理与心理健康［M］.北京.北京大学出版社.2007.

【11】李菊顺.李世怡.中学生心理健康教育［M］.北京.科学出版社.2012.

【12】雅文.做自己的心理调节师.［M］.北京.中国华侨出版社.2011.

【13】张冲.刘玉娟.学生情绪问题与教育方案［M］北京.中国轻工业

出版社.2010.

【14】刘在花.青春期问题与教育方案[M].北京.中国轻工业出版社.2009.

【15】于丹丹.郭美光.中学生交往指南[M].长春.吉林人民出版社.2010.

【16】熊华堂.张晓东.学生心理调试指导手册[M]北京.新世界出版社.2006.

【17】王玲.初中生常见心理问题及疏导[M].佛山.暨南大学出版社.2006.

【18】王玲.高中生常见心理问题及疏导[M].佛山.暨南大学出版社.2006.

【19】威廉·詹姆斯.积极心理.[M]北京.石油工业出版社.2009.